兰波画像（魏尔伦 绘）

Après le Déluge.

Aussitôt que l'idée du Déluge se fut rassise,

Un lièvre s'arrêta dans les sainfoins et les clochettes mouvantes et dit sa prière à l'arc-en-ciel à travers la toile de l'araignée.

Oh! les pierres précieuses qui se cachaient, — les fleurs qui regardaient déjà.

Dans la grande rue sale les étals se dressèrent, et l'on tira les barques vers la mer étagée là-haut comme sur les gravures.

Le sang coula, chez Barbe-Bleue, — aux abattoirs, — dans les cirques, où le sceau de Dieu blêmit les fenêtres. Le sang et le lait coulèrent.

Les castors bâtirent. Les "mazagrans" fumèrent dans les estaminets.

Dans la grande maison de vitres encore ruisselante les enfants en deuil regardèrent les merveilleuses images.

Une porte claqua, et, sur la place du hameau, l'enfant tourna ses bras, compris des girouettes et des coqs des clochers de partout, sous l'éclatante giboulée.

Madame *** établit un piano dans les Alpes. La messe et les premières communions se célébrèrent aux cent mille autels de la cathédrale.

Les caravanes partirent. Et le Splendide Hôtel fut bâti dans le chaos de glaces et de nuit du pôle.

Depuis lors, la Lune entendit les chacals piaulant par les déserts de thym, — et les églogues en sabots grognant dans le verger. Puis, dans la futaie violette, bourgeonnante, Eucharis me dit que c'était le printemps.

— Sourds, étang, — Écume, roule sur le pont, et par-dessus les bois; — draps noirs et orgues, — éclairs et tonnerre; — montez et roulez; — Eaux et tristesses, montez et relevez les Déluges.

Car depuis qu'ils se sont dissipés, — oh les pierres précieuses s'enfouissant, et les fleurs ouvertes! — c'est un ennui! et la Reine, la Sorcière qui allume sa braise dans le pot de terre, ne voudra jamais nous raconter ce qu'elle sait, et que nous ignorons.

《灵光集·洪水过后》手稿

ARTHUR RIMBAUD
EX-LIBRIS

Arthur Rimbaud

灵光集

兰波诗歌集注

〔法〕阿蒂尔·兰波 ——— 著

何家炜 ——— 译

商务印书馆

创于1897 The Commercial Press

译自*Œuvres de Rimbaud*, sommaire biographique, introduction, notices, relevé de variantes et notes par Suzanne Bernard, Garnier Frères, 1960
参照*Rimbaud: Œuvres complètes*, édition établie, présentée et annotée par Antoine Adam, Gallimard, 1972

涵芬楼文化 出品

Enfance.

I

Cette idole, yeux noirs et crin jaune, sans parents ni cour, plus noble que la fable, mexicaine et flamande ; son domaine, azur et verdure insolents, court sur des plages nommées, par des vagues sans vaisseaux, de noms férocement grecs, slaves, celtiques

A la lisière de la forêt — les fleurs de rêve tintent, éclatent, éclairent, — la fille à lèvre d'orange, les genoux croisés dans le clair déluge qui sourd des prés, nudité qu'ombrent, traversent et habillent les arcs-en-ciel, la flore, la mer.

Dames qui tournoient sur les terrasses voisines de la mer ; enfantes et géantes, superbes noires dans la mousse vert-de-gris, bijoux debout sur le sol gras des bosquets et des jardinets dégelés — Jeunes mères et grandes sœurs aux regards pleins de pèlerinages, sultanes, princesses de démarche et de costume tyranniques, petites étrangères et personnes doucement malheureuses.

Quel ennui, l'heure du "cher corps" et "cher cœur".

II

C'est elle, la petite morte, derrière les rosiers. — La jeune maman trépassée descend le perron — la calèche du cousin crie sur le sable — Le petit frère — (il est aux Indes !) là, devant le couchant, sur le pré d'œillets. — Les vieux qu'on a enterrés tout droit dans le rempart aux giroflées.

《灵光集·童年》首页手稿

兰波画像（魏尔伦 绘）

兰波画像（德拉艾 绘）

兰波在咖啡馆（魏尔伦 绘）

兰波和魏尔伦在伦敦（雷加梅 绘）

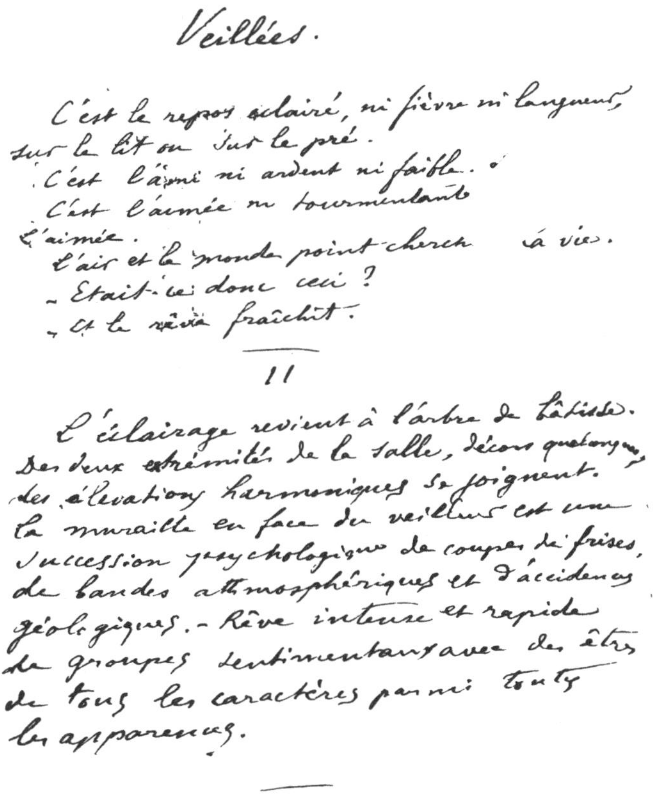

Veillées.

C'est le repos éclairé, ni fièvre ni langueur, sur le lit ou sur le pré.
C'est l'ami ni ardent ni faible.
C'est l'aimée ni tourmentante
l'aimée.
L'air et le monde point cherch la vie.
– Était-ce donc ceci ?
– Et le rêve fraîchit.

II

L'éclairage revient à l'arbre de bâtisse. Des deux extrémités de la salle, décors quelconques, des élévations harmoniques se joignent. La muraille en face du veilleur est une succession psychologique de coupes de frises, de bandes atmosphériques et d'accidences géologiques. – Rêve intense et rapide de groupes sentimentaux avec des êtres de tous les caractères parmi toutes les apparences.

《灵光集·长夜》首页手稿

Génie

III

Il est l'affection et le présent puisqu'il a fait
la maison ouverte à l'hiver écumeux et à la
rumeur de l'été, – lui qui a purifié les
boissons et les aliments – lui qui est le charme
des lieux fuyants et le délice surhumain des
stations. – Il est l'affection et l'avenir, la
force et l'amour que nous, debout dans les
rages et les ennuis, nous voyons passer dans
le ciel de tempête et les drapeaux d'extase.

Il est l'amour, mesure parfaite et
réinventée, raison merveilleuse et imprévue,
et l'éternité : machine aimée des qualités
fatales. Nous avons tous eu l'épouvante de
sa concession et de la nôtre : ô jouissance de
notre santé, élan de nos facultés, affection
égoïste et passion pour lui, – lui qui nous aime
pour sa vie infinie…

Et nous nous le rappelons et il voyage…
Et si l'Adoration s'en va, sonne, sa
promesse, sonne : « Arrière ces superstitions
ces anciens corps, ces ménages et ces âges.
C'est cette époque-ci qui a sombré ! »

Il ne s'en ira pas, il ne redescendra pas
d'un ciel, il n'accomplira pas la rédemption
des colères de femmes et des gaîtés des hommes
et de tout ce péché : car c'est fait, lui
étant, et étant aimé.

Ô ses souffles, ses têtes, ses courses ; la
terrible célérité de la perfection des formes
et de l'action.

Ô fécondité de l'esprit et immensité
de l'univers !

Son corps ! le dégagement rêvé le
brisement de la grâce croisée de violence nouvelle

《灵光集·神灵》手稿节录

画魏尔伦的兰波（福兰 绘）

兰波画像（库桑 绘）

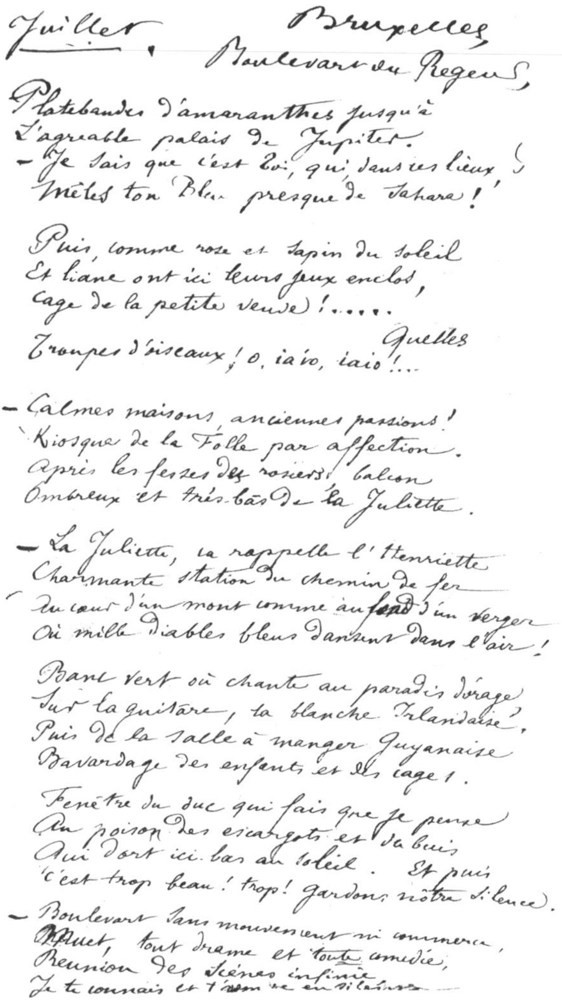
Juillet. Bruxelles,
Boulevart du Regent,

Platebandes d'amaranthes jusqu'à
L'agreable palais de Jupiter.
— Je sais que c'est Toi, qui dans ces lieux,
Mêles ton Bleu presque de Sahara!

Puis, comme rose et sapin du soleil
Et liane ont ici leurs jeux enclos,
Cage de la petite veuve!.....
Quelles
Troupes d'oiseaux, o, iaio, iaio!...

— Calmes maisons, anciennes passions!
Kiosque de la Folle par affection.
Après les fesses des rosiers, balcon
Ombreux et très-bas de la Juliette.

— La Juliette, ça rappelle l'Henriette
Charmante station du chemin de fer
Au cœur d'un mont comme au fond d'un verger
Où mille diables bleus dansent dans l'air!

Banc vert où chante au paradis d'orage
Sur la guitare, la blanche Irlandaise.
Puis de la salle à manger Guyanaise
Bavardage des enfants et des cages.

Fenêtre du duc qui fais que je pense
Au poison des escargots et du buis
Qui dort ici-bas au soleil. Et puis
C'est trop beau! trop! gardons notre silence.

— Boulevart sans mouvement ni commerce,
Muet, tout drame et toute comédie,
Reunion des scènes infinie
Je te connais et t'admire en silence.

《布鲁塞尔》手稿

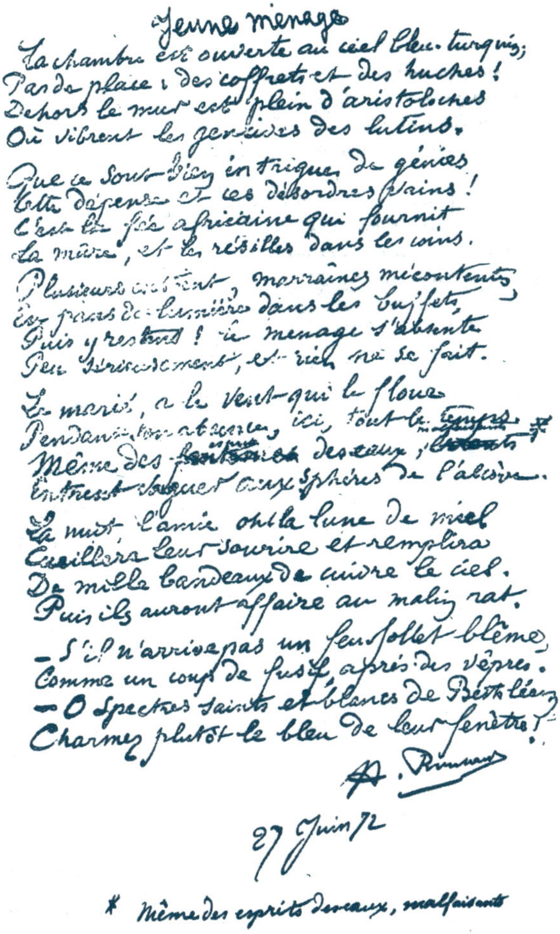

Jeune ménage

La chambre est ouverte au ciel bleu-turquin ;
Pas de place : des coffrets et des huches !
Dehors le mur est plein d'aristoloches
Où vibrent les gencives des lutins.

Que ce sont bien intrigues de génies
Cette dépense et ces désordres vains !
C'est la fée africaine qui fournit
La mûre, et les résilles dans les coins.

Plusieurs entrent, marraines mécontentes,
En pans de lumière dans les buffets,
Puis y restent ! le ménage s'absente
Peu sérieusement, et rien ne se fait.

Le marié, a le vent qui le floue
Pendant son absence, ici, tout le temps. *
Même des esprits des eaux,
Entrent vaguer aux sphères de l'alcôve.

La nuit, l'amie oh ! la lune de miel
Cueillera leur sourire et remplira
De mille bandeaux de cuivre le ciel.
Puis ils auront affaire au malin rat.

— S'il n'arrive pas un feu follet blême,
Comme un coup de fusil, après des vêpres.
— Ô Spectres saints et blancs de Bethléem,
Charmez plutôt le bleu de leur fenêtre !

A. Rimbaud

27 Juin 72

* Même des esprits des eaux, malfaisants

《新婚伉俪》手稿

兰波在伦敦（雷加梅 绘）

有一片插满枪棒的河滩
风停过的树枝
淌着凉凉的血

鸟啄食树上硕大的果子
鸟在梦中盘旋，尖叫

所有造过，握过铁器的手
水来自岩石内部
一次小小的暴动

路过黎明的野兽
雷鸣闪过它的眼瞳

——《兰波画像》

1995年6月6日，广州

目 录

最后的诗行

地狱一季

通灵人书信

译者序

我们召唤他，而他远行在外……

——《灵光集·神灵》

兰波的诗歌是一个谜，《灵光集》(*Les Illuminations*)更是一个谜。

首先，创作年份无法确定。有些研究者认为应该在1872—1873年间，这是兰波的“通灵时期”。持这一观点的研究者同样认为，《灵光集》的创作先于《地狱一季》，后者的创作时间是1873年4月至8月。1873年7月10日发生了布鲁塞尔悲剧，魏尔伦（Paul Verlaine）在酒醉状态下向兰波开了两枪，致使兰波受了轻伤后返回家乡小城夏尔维勒，迅速完成了他原本以“异教之书”（*Livre Païen*）或“黑人之书”（*Livre Nègre*）为书名的《地狱一季》(*Une Saison en Enfer*)。

根据魏尔伦的说法，《灵光集》的创作时间应该在1873—1875年，当时兰波在比利时、英国、德国的流浪途中。这也是魏尔伦被判入狱的两年。1875年2月底，魏尔伦出狱后，在斯图加特见到他的朋友，兰波可能是在那里将《灵光集》的手稿交给魏尔伦的。

还有的研究者认为，或许《灵光集》的写作时间更迟一些。

兰波研究者拉科斯特（H. de Bouillane de Lacoste）在其论著《兰波与〈灵光集〉问题》中表明，他发现手稿是1874年的笔迹，而有些则是热尔曼·努沃（Germain Nouveau）[1]誊写的。另一方面，德拉艾（Ernest Delahaye）[2]证明，兰波在1872年已经创作了《灵光集》。德拉艾甚至宣称，他听兰波朗诵过其中一些篇章，"就是在1872年，这些篇章的作者称之为散文诗（poèmes en prose）"。

还有书名，也是一个谜。

在法语中，"illuminations"有"照亮"的意思，在宗教上有"启示""启迪"之意，可理解为"灵感""感悟"。

---

1 1874年初，兰波认识了诗人兼画家热尔曼·努沃，两人到了伦敦，以教法语为生。

2 德拉艾是兰波的家乡好友，著有《作为艺术家和道德生命的兰波》《关于兰波、魏尔伦和热尔曼·努沃的亲密回忆》《兰波的〈灵光集〉和〈地狱一季〉》等作品。

所以，这部散文诗集被研究者认为是兰波受到“灵启”而写就的，这也符合兰波作为一位“通灵诗人”的诗风。在《地狱一季》最后一篇《永别》里，兰波与自身的“地狱”做了告别，“必须绝对地现代”，从而走向新的生命（“在一个灵魂和一具身体里拥有真实”）。《灵光集》从主题上应当作为《地狱一季》之后诗人的新生之作，这反过来又契合了部分研究者关于兰波受到“灵启”而写下这些散文诗的论点，从而将之称作“灵光集”则是恰当的。译者将它翻译为《灵光集》，根据也在这里。

而魏尔伦在象征派诗歌杂志《风行》（*La Vogue*）1886年初次发表《灵光集》的题记里说，“illuminations”是一个英语词，即“coloured plates”，他还加了一句，“这是兰波先生在他的手稿上加的副标题”。而在1878年，他对西夫里（Charles de Sivry）[1]说到《灵光集》的时候，用的是“painted plates”。这个名称被拉科斯特沿用，虽然手稿上既没有标题也没有副标题。而根据兰波研究者安德伍德（V. P. Underwood）的说法，“illuminations”在英语中一般是指“彩色插图”；“painted plates”的意思则是“上了画的盘子”（兰波的英语并不佳，这会不会是兰波的一个错误呢）；

1 魏尔伦的朋友，也是其妻的兄弟。他是“黑猫”酒吧的乐手，魏尔伦早在1868年就认识了他，并通过他认识了后来的妻子玛蒂尔德（Mathilde）。

而“coloured plates”实际上是指彩版画。译作“彩图集”和“彩画集”的中文译名，所据也就在这里。

如果我们查究一下《灵光集》手稿的来历以及这些手稿本身的话，就会发现学界出现这些互相矛盾的观点和论证并不奇怪。

1875年5月1日，魏尔伦寄给当时在布鲁塞尔的热尔曼·努沃一个厚厚的邮包，邮资就花了2.75法郎。这是兰波让魏尔伦寄的，为的是在布鲁塞尔印刷出来，但热尔曼·努沃没能找到印刷商。直到1877年，他才将这些手稿还给魏尔伦。而后，魏尔伦又将这些来自斯图加特的手稿托付给了西夫里。1878年，魏尔伦写信给西夫里：“你在10月将手稿带回给我。”到了1883年，魏尔伦在他的《受诅咒的诗人》（*Poètes Maudits*）里写道：“《灵光集》一系列精彩的断章，我们担心永远丢失了。”

所以，直到1886年之前，尽管魏尔伦多次反复要他交还，西夫里也一直是这些手稿的持有者。他会不会忘了它们放在哪个抽屉里了？事实上，是魏尔伦的妻子玛蒂尔德不让魏尔伦取回这些手稿。玛蒂尔德十分痛恨兰波，并将这种恨转移到了这些手稿上。她在1886年终于与魏尔伦离婚，并禁止西夫里将手稿还给魏尔伦。

最后，西夫里将手稿托付给了勒卡杜奈尔（Louis Le

Cardonnel），又由他交给《风行》杂志的执行主编卡恩（Gustave Kahn）。是卡恩在1886年让《灵光集》得以面世，起先发表在《风行》杂志上，之后又印成了单行本。根据编辑费内翁（Félix Fénéon）的回忆，手稿以散页的形式保存在一个笔记本封面里，其顺序在遭受多次流离后已有所改变。但费内翁是在多年之后进行的回忆，其态度虽可谓真诚，而所述事实未必确切。他很有可能只是像洗纸牌一般随意编排了这些手稿的顺序。之后，西夫里又提供了其他五首诗，《仙境》《战争》《神灵》《青春》和《倾售》，这些诗收录在1895年版《兰波作品全集》里。

此后，这些珍贵的手稿四处散落：最大的一部分落到了卡昂（Gustave Cahen）手里，而后被格鲁医生（Lucien Graux）[1]购得。直到1957年，法国国家图书馆以总价1142万法郎的巨额收购。这些手稿分为两部分：第一部分包括第一到第二十九篇（以《风行》杂志发表的顺序）；第二部分包括西夫里重新找到的那几篇，除了《青春》第二、三、四节和《神灵》。《青春》的这三节后来被发现，它们曾一度被茨威格（Stefan Zweig）收藏；而《神灵》连同《场景》《历史性夜晚》《波顿》《H》和《运动》为贝雷斯（M. P.

1 格鲁医生1944年死于达豪集中营。他的遗孀保存着他的藏品，1956年将之分批拍卖。

Berès）拥有。另外一篇《海岬》，为盖利奥（Octave Guelliot）拥有，后来被夏尔维勒市立图书馆收藏。《虔祷》和《民主》这两篇的手稿至今下落不明。

这些手稿用了不同的纸，字迹也各异。比如，《洪水过后》字体较圆，比较紧密，墨水更淡些；而《战争》和《青春》第一节写在质地不一样的纸片上，字体较小；《仙境》则相反，字体较圆，墨水较淡。所以很难笼统地判断，《灵光集》究竟写于何时。

我们只能大体上说，兰波在1875年完成了前二十九篇散文诗，然后一起交给了魏尔伦。这些诗篇中，有些是在1872年就开始写了，比如梦幻般的《通俗小夜曲》《长夜》，还有《仙境》，以及两首“自由诗”《海滨》和《运动》，这都是“通灵时期”的作品。《醉之晨》是1874年重抄的，这首诗显然跟吸大麻的经验有关，似乎是1872年写的。《神灵》也有“通灵时期”的特征，并且在内容上具有某种“进步”思想。《大都市》则很可能是1874年写的，手迹是热尔曼·努沃的，当时他和兰波一起在伦敦。

至于其他诗篇的创作时间，则有许多的猜测。我们可以认为，《战争》和《青春》第一节是稍后一段时期写的，因为字迹相对小些。但谁又能说出《波顿》和《H》这两首是什么时候写的？至于《虔祷》和《民主》的创作时间可能更迟一些：也许兰波是在爪哇之旅（1876年）之后写了

《民主》，在北欧之旅（1877年）之后写了《虔祷》。

《灵光集》中所有的诗篇，其灵感来源各异，每一页都闪耀着兰波的诗歌特征，那就是他完全个人化的“看”的方式，以及他的让人去“看”的方式。散文诗这一新的诗歌形式，给了兰波的诗歌创作以更大的自由度、更丰富的可能性。他以句法的革新和紧凑的节奏感，发现了“和谐的不连贯”［瓦雷里（Paul Valéry）语］，更重要的是，他视觉上的清新和奇异，让我们的眼睛得以摆脱日常习惯和陈旧观念，以一颗敏感的心去观看这个世界，去发现不可知（l’Inconnu）。毋庸置疑，《灵光集》是兰波所有诗作中的代表作。

《灵光集》全文译稿完成于1996年夏，曾由友人照着手写稿打字存入软盘，后上传到互联网供读者交流与批评，一直都不曾修订。部分篇目曾收入与叶汝琏先生“合译”的《彩图集》，当时也并未修订。叶老曾完整翻译了这部散文诗集，译稿交与出版社后不幸遗失，只留下之前在刊物上发表过的十七篇；先生于2007年辞世后，编辑找来我的译文与留存的篇目拼合在一起出版，特为纪念这位法语诗译前辈。惜与叶老生前没有机会相识和讨教，仅能从这本集子里体会前辈的苦心孤诣，此次重新修订译稿，又将此书放在手边随时翻阅对照。同时参阅的还有王道乾先生译本

《彩画集》，以及企鹅版英译本《兰波诗选》所录篇目。

此外，《最后的诗行》(*Derniers Vers*) 收录了兰波在"通灵时期"创作的十六首诗，多年前曾贴在"诗生活"网站的翻译论坛，现增补注释后，附在《灵光集》之后。"最后的诗行"这个集名并不可靠，有的作品集亦作"新诗与歌"(*Vers Nouveaux et Chansons*)，也有研究者指出，兰波曾梦想创作一本叫"虚无研究"(*Études Néantes*) 的诗集。因诗人之后转向写作散文诗和无韵的"自由诗"，故译者以"最后的诗行"代指这些相对于"早期诗作"而言新近创作的韵诗。

在修订译稿和注释的过程中，译者深感《灵光集》中诸多诗篇与《地狱一季》有紧密关联，并在注释中不时引用，遂又翻译了这部"精神自传式"的散文诗集和两封"通灵人书信"，并加以必要的注释以助理解。译文曾与王道乾先生译本《地狱一季》(花城出版社，1991年) 对照校对。王老的译笔纯熟精到，这本薄薄的小书伴随多年，不时翻出来诵读；虽在校对中也发现个别误译和过度发挥之处，仍不失一部经典佳译。

通行的法语版兰波作品集一般都按创作时间顺序编排，首先是包括《元音》《山谷沉睡者》《醉舟》在内的"早期诗作"，其后是《最后的诗行》，最后是《地狱一季》和《灵光集》。然译者最早翻译兰波始自《灵光集》，而"早期诗作”至今也仅译了数首而未收入本书，在此希望读者谅解这般刻意的编排。

兰波是现代诗歌史上一位重要诗人，虽然他在短短数年间就走完了自己的诗歌道路，“只如流星之一闪”（梁宗岱语），但留下的作品却值得永久品读。一个多世纪以来，研究和阐释兰波其人其诗的文论和专著层出不穷，可谓浩如烟海，译者也只是稍稍涉猎过其中一些较为重要的论著。本书的翻译底本和注释皆凭据加尼耶兄弟出版社（Garnier Frères）《兰波作品集》（1960年）与伽利玛出版社（Gallimard）《兰波作品全集》（1972年）。这两个注释本汇集了多位研究者的见解，给理解和翻译提供了方便之门。然而兰波诗歌之难译，正如梁宗岱先生曾言，“它猛烈逼人的（intense）光芒断非仓猝间能用别一国文字传达出来”。译者虽历经二十余载断断续续研读和修订，仍留下诸多疑难未解。书中如有任何错漏偏误之处，恳盼读者不吝指正。

在此首先感谢商务印书馆涵芬楼文化的王明毅老师和责编林烟霞女士，是他们的辛勤付出和专业精神，使得本书以今天的面貌呈现给读者。

感谢广东外语外贸大学前校长黄建华老师、旅居法国的刘志侠老师，他们亦师亦友的情谊和多年来的勉励与期许，让我不至过于疏懒；感谢法语外教任致远（Pierre

Jeanne）老师，他曾多次问起当年那篇题为“Rimbaud”的毕业论文何时出版，无疑激发了我研读和翻译兰波的信心。

感谢兰波研究专家克洛德·让科拉（Claude Jeancolas）先生，他曾在2010年春来上海做关于兰波的交流活动，我们如同兄弟相见一般（虽然他是我父辈的年纪），那天他当面赠我一本《兰波狂》，回国后又寄来《兰波传》和《兰波后裔》。2016年2月10日，他在巴黎去世。

感谢互联网时代很多诗友和网友，在网上点点滴滴的交流都对译文修订起着作用，在此无法一一列出，唯有心存感念。

此外，特别感谢我的父母，他们从我少年时就放任我浪迹天涯，从未表现出不放心，这份随身携带的信任感一直给我深沉的温暖。

着手重新整理和修订译稿之时，译者的孩子即将诞生，一晃数年，如今他已到了认字读诗的年龄，请允许我将这本诗集献给这位小少年。

何家炜

2019年3月4日，上海

灵光集

兰波被光照亮（卡扎尔斯 绘）

洪水过后*

洪水的幽魂刚刚消散，[1]

一只野兔停在驴食草和摇晃的吊钟花丛中，隔着蛛网向彩虹倾吐它的祷告。[2]

哦！那些宝石正在隐藏，——而花朵已经在张望。[3]

---

* 我们无从知晓是兰波本人抑或编辑者费内翁把此篇放在了《灵光集》的卷首。显然，《洪水过后》预示了《灵光集》的若干主题：花和宝石的神秘世界，讥讽的口吻，革命的暴力，等等。在《圣经·创世记》里，洪水（Déluge）是一种彻底摧毁的力量，兰波拒绝这个充斥着商业、罪行和宗教的所谓文明世界，他试图用诗歌的招魂术唤起一场新的洪水来清扫这大地。围绕着“水”这一主题，血、奶、小咖啡馆等意象层层铺开。

1 “Idée”一词有观念、思想等意思，此处当从词源学意义上解作“幽魂”。洪水过后，其幽魂渐渐消散，一切将重新开始：首先是自然生命，而后是人类文明。

2 雨后的蛛网沾满水滴，是诗人对乡村的记忆。“彩虹”一词定有所指，参看“我是被彩虹罚下地狱的”（《地狱一季·谵妄（二）》）；在《圣经》里，彩虹是上帝与人类立约的标记，于是彩虹成了宗教信仰的象征。

3 “花朵已经在张望”“宝石正在隐藏”，兰波的泛灵论第一次在这里显露，试比较《灵光集·晨曦》中的句子：“而宝石在张望”“一朵花向我道出它的名字”。奈瓦尔（Gérard de Nerval，1808—1855年）在《金色诗句》中写过：“一朵花就是大自然一个初绽的灵魂，/……纯粹的精神在石块表皮下暗自生长。”

肮脏的大街上肉铺子已经摆开，人们驾一叶叶小舟驶向级级升高的大海，如同行在版画上。[1]

血流着，在蓝胡子家里，——在屠宰场，——在马戏场，上帝的印章照得窗子苍白。血和奶在流。[2]

河狸在筑巢。“马扎格兰”在小酒馆里冒着热气。[3]

在装着玻璃窗的湿淋淋的大宅里，哀伤的孩子们观看着这些美妙的图景。

一扇门“砰”的一声，——村庄的广场上，孩子转动着他的胳膊，还有各地的风向标和钟楼上的公鸡，在响亮的雹雨中。[4]

某某夫人在阿尔卑斯山上架起了钢琴。弥撒和初领圣体在教堂的十万座祭台上举行。

商旅出发了。而辉煌宾馆建起在冰层与极地之夜的混沌之中。[5]

---

1 兰波式的幻觉：大海级级升高，如同一幅版画，而人在版画般的海面上航行。

2 注意这一小段的色彩：红、蓝、白相互映照。“上帝的印章”即太阳。“血和奶”带有《圣经》色彩。

3 兰波阅读大量游记，一定知道河狸在水边觅食和筑巢。马扎格兰（Mazagran）是阿尔及利亚西部的一座城镇，1840年2月法国军队在殖民战争中与当地军队在此发生激战。1866年，“mazagran”作为普通名词开始出现在法语里，借指一种加烈酒的无柄大杯咖啡。

4 孩子指的是兰波自己吗？他是否想起了每次出走时的情景？

5 此处暗示文明（艺术、宗教、商业）的入侵。辉煌宾馆，原文是Splendide Hôtel。

此后，月亮听到豺群的哀嚎穿过百里香沙漠，——而木鞋在果园里低吟着怨歌。接着，在萌发新芽的紫色乔木林里，欧夏丽丝对我说：这就是春天。[1]

翻涌吧，池塘，——水沫，滚过桥面和树林上空吧；——黑呢绒和管风琴，——闪电和雷鸣，——升起吧，滚动吧；——大水和悲伤，升高并托起洪水吧。[2]

因为自洪水消退之后，——哦，那些宝石正在藏匿，那些花儿已在开放！——这可真是忧烦！而那女王，那女巫，点燃了土坛里的火炭，她永不会向我们讲述她所知晓，而我们一无所知的事物。[3]

---

1 田园生活，牧歌情爱："月亮听到""木鞋""低吟"，唯一的在场者只能是"我"。欧夏丽丝（Eucharis）是一位林泽仙女的名字，词源上有"恩典"之意。

2 我们在这里可以看到兰波是怎样把具体和抽象、风景和象征结合起来的。

3 让古（Jacques Gengoux）认为，"女巫"可能来自米什莱（Jules Michelet，1798—1874年），兰波曾大量阅读他的著作。米什莱认为中世纪的女巫已经有了现代普罗米修斯的雏形，女巫点燃火灾，将从最后的赎罪中脱离出来。兰波也可能读过安徒生关于女巫的故事：女巫能让人重新找回幸福并挖出藏在地下的宝石，但其奥秘因今天的人失去了古老的力量而无从知晓。原文中，"女王"（Reine）、"女巫"（Sorcière），均为大写。

童　年[*]

一

这偶像，黑眼睛黄鬃毛，没有父母也没有家园，比墨西哥和弗拉芒神话更高贵。他的领域，异乎寻常的蔚蓝与苍翠，奔跑在被无船的波浪命名的海滩上，那是凶残的希腊名，斯拉夫名，凯尔特名。[1]

在森林边缘——梦之花在鸣响，在爆炸，在发出电光，——那橘唇的少女，双膝交叉在从草地喷涌出的闪亮洪水中，她的裸身被彩虹、植物、大海笼上阴影，渗透，

---

* 这五篇是否真的构成一组颇有疑问。第一篇可能是在“通灵时期”写的；而第二篇，据其好友德拉艾说，是对故乡夏尔维勒周围环境的回忆；第三、第四篇也可能是经兰波的想象之后对风景的印象，是诗歌移形换位（transposition poétique）之后的产物。

1　注意地理名称唤起的暗示，以及色彩的暗示。奥特克尔（Louis Hautecœur）曾有论著（1942年）认为此段似已宣告了后期印象派高更（Paul Gauguin）绘画的诞生。

并穿上衣裙。[1]

这些在临近海水的露台上旋来转去的妇人：女童和女巨人，在灰绿的苔藓上格外黝黑，如同解冻的小花园和小树从肥沃的泥土上直立的珠宝，——年轻的母亲和大姐们满含朝圣的目光，迈着苏丹嫔妃或公主的步姿，衣着有如暴君，这些小小的异乡女子，这些悄悄不幸着的人。[2]

怎样的忧烦，“爱躯”和“甜心”的时分。[3]

二

是她，小小的女尸，在蔷薇丛后面。[4]——死去的年轻妈妈走下台阶。——堂兄的敞篷马车在沙滩上喊叫。——

---

1 此段如同上段，以并列的短语结尾，节奏简洁明快。

2 这幅富有异国情调的群女图在《灵光集》中只此一处。注意此段最后一句，我们在这里似乎又看到了高更关于塔西提女人的作品。“满含朝圣的目光”为后来的象征派诗人所推崇。

3 作者一下从幻觉（hallucination）回到现实中。“忧烦”（ennui）的主题经常出现在兰波的诗歌和书信中。我们在《洪水过后》的结尾中已经读到。有研究者称，此句可能是影射与魏尔伦的共同生活。

4《童年》写于1874年，而兰波的妹妹维塔莉死于1875年12月，此处可能指另一个死于哺乳期的妹妹（生于1857年6月）。下文的“弟弟”更为出奇，兰波要到1876年才到巴达维亚（今雅加达）。此处应当是指兰波在1874年想着离开欧洲，梦想去印度。不管怎样，兰波让我们看到一些既在场又缺失、既远离又在场的人。

那个弟弟（他在印度!），面对落日，站在石竹花小草场上。——那些被直立着封埋在桂竹香残墙里的老人。[1]

一簇簇金色树叶围绕着将军的房屋。[2]他们在南方。——我们沿红色大道走向空空的客栈。城堡待售；百叶窗已经散解。——本堂神甫定是带走了小教堂的钥匙。——在公园四周，看园人的门房空无人住。栅栏是如此之高，只能看到簌簌作响的树梢。此外，里面什么也看不到了。

小草场延伸到没有公鸡、没有铁砧的小村庄。闸门拉起。哦！沙漠中的骷髅地和磨坊，岛屿和草垛![3]

神奇的花嗡嗡作响。斜坡将他轻轻摇晃。美得惊人的野兽逡巡徘徊。乌云密布于海之高处，这由热泪之永恒汇聚的海。[4]

---

1 据德拉艾说，这种花长在一垛老墙上，兰波经常和他来这一带摘花玩。

2 弗兰德公路旁的一座别墅，据说是诺瓦泽（François Joseph Noizet，1792—1885年）将军的，就在夏尔维勒附近。然而这无关紧要。如果说前面的段落展示了不在场者的在场（la présence des absents），那么下面的段落为我们展示了不在场（l'absence）和孤寂（la solitude）。兰波显然对缺失和遗弃的感觉印象极深。

3 磨坊的风叶在视觉上可以唤起骷髅地的十字架之联想，草垛唤起岛屿。这暗示着寂静，沉重而空洞的寂静。

4 兰波在《永恒》中写过“这就是大海/与太阳同行”，这里出现的却是乌云和热泪，“这由热泪之永恒汇聚的海”。

三[1]

树林里有一只鸟儿，它的歌声让你停下并令你脸红。

有一口没有鸣响的钟。

有一个坑洼里筑着白色野兽的一只巢。

有一座下沉的教堂和一面上升的湖。[2]

有一辆弃置在矮树林里的小车，或身披缎带正沿着小径飞奔而下。

有一队穿着戏服的小演员，在穿过树林边缘的大道上被瞥见。[3]

最后，当你又饥又渴，有一个人在身后驱赶。[4]

---

1 这一篇的各段之间可能并无联系，但其句式“有……”（Il y a...）被后来的诗人所运用：如克洛岱尔（Paul Claudel，1868—1955年）、耶麦（Francis Jammes，1868—1938年）、阿波里奈尔（Guillaume Apollinaire，1880—1918年）、布勒东（André Breton，1896—1966年）等。

2 “上升的湖”可能指星空。戏剧化（la théatralisation）在《灵光集》中占非常重要的位置。剧景、神话、传说、歌剧，层出不穷，风景本身也成为布景。兰波在诗歌中把世界看成一出正在上演的戏。

3 “身披缎带”的“小车”和“穿着戏服的小演员”创造了一个断层，与现实拉开了距离，成为第二真实。

4 这一句令人想起兰波乞丐般的童年流浪生活。试对照《地狱一季·不可能》：“啊！我的童年生活，任何天气下都是大道一条，超自然的质朴，比最好的乞丐还要无欲无求……”

四[1]

我是圣徒，在露台上祈祷，——如同温顺的野兽吃着草直到巴勒斯坦海。

我是学究，坐在昏暗的椅子里。树枝和雨水拍打着图书馆的窗棂。

我是步行者，走在穿过矮树林的大道上；水闸的嘈杂声掩盖了我的步音。我久久望着落日浸洗于忧郁的金色中。

我或许就是那个被遗弃在通往大海高处的防波堤上的孩子，那个沿着小径走去、额头触天的仆童。[2]

路途艰涩。小山冈覆满金雀花。空气凝滞。鸟群和水源竟如此之远！前行，只可能是世界的尽头。[3]

五

愿我租成这座坟墓，被石灰刷得雪白，并留有水泥浮

1 这一篇让人想到《地狱一季·谵妄（二）》里的话："每一个生命，在我看来都与别的生命有关联。"兰波寻找着生命存在的所有可能性。

2 "额头触天的仆童"，有如摄影中的仰摄，也不排除具有某种暗示，极言地面之远。

3 此乃人神交界处：千山鸟飞绝，万径人踪灭。世界之尽头即另一个世界（不可知世界）的开端。

雕的线条——离地面很远。[1]

我肘撑桌面，灯光极其明亮，照着这些我白痴般看了又看的报纸，这些毫无趣味的书。——

在我这座地下客厅高高之上，房屋建起，浓雾汇聚。泥浆或红或黑。魔怪城市，无尽的夜！[2]

不太高的地方，是阴沟。四下里只有地球的厚壁。也许是苍天的深渊，火之深井。也许在同一平面，月亮和彗星相遇，大海与神话相亲。

苦楚之时我想象自己是蓝宝石球，是金属球。我是寂静之主。为什么在拱顶一角气窗表面已微微发白？[3]

---

1 兰波曾表示要进夏尔维勒附近的一个山洞隐修。

2 试比较《地狱一季·坏血》："在城里，我突然看见污泥都呈红黑色。""魔怪城市"可能是指多雾的伦敦。

3 最后一问句流露出如此渴望离群索居的"寂静之主"面临着一种不安，一种自我毁灭的可能性。

寓　言*

一位王子除了让庸俗的慷慨极尽完美之外无所作为，他为此而气恼。他预见到惊人的爱情革命[1]，并怀疑他的那些女人能否比天花乱坠的肆意讨好做得更好。他想看看真相，基本欲求和满足的时刻。不管这是不是一个虔诚的谬误，他就想看看。他至少拥有相当大的世俗权力。

所有认识他的女人统统被刺杀。美人之花园，怎样一场洗劫！在马刀下，她们祝福他。他不再要新的。——女人又出现了。[2]

他杀死了所有跟随的人，在狩猎和祭酒之后。——所

* 这是《灵光集》中唯一一篇寓言式的作品。戈芬（Goffin）认为这里的王子暗指魏尔伦，天神指兰波。另一种说法认为王子指兰波自己，而天神指兰波身上神性的一面。

1 参看《地狱一季·谵妄（一）》："爱情有待重新发明。"兰波这种改造爱情的渴望可能受到米什莱的影响；另一方面，也可能来自巴黎公社成员：妇女解放，摒除奢华，自由恋爱。

2 参看《地狱一季》的序："一晚，我让'美'坐于膝上。——而我发现她苦涩不堪。——于是我对她破口大骂。"这是兰波式的暴力，反对女性和某种类型的美，贬斥奢华和优雅。

有跟随他的人。

他割喉宰杀华美之兽，以此取乐。他命人烧了宫殿。他冲向人群，把他们砍成碎片。——人群、金屋顶、美兽依然存在。[1]

在摧毁中可以心醉神迷，残酷使人年轻！人民一声不吭。没有人反驳他的观点。

一晚，他高傲地骑马奔驰。天神出现了，美得不可言说，甚至不可示人。他的表情和举止流露出的允诺带着万千种复杂的情爱！带着无法言表甚至无法忍受的幸福！王子和天神可能是在必要的健康中互相销毁。他们怎么不会死去呢？于是他们一起死了。[2]

而这王子辞世于他的宫中，平常年纪。王子就是天神。天神就是王子。

我们的欲望中缺少精深的乐章。[3]

---

1 兰波企图摧毁一切，“改变生活”，但对自由和绝对的求索却遭到挫败。

2 这天神是兰波神性的一面。正因为美得“甚至不可示人”，幸福得“甚至无法忍受”，所以本身即埋藏着死亡的种子，无法存在于这人间。作为人的兰波（王子），无法跟从作为神的兰波（天神），只能于平常年纪死于宫中。

3 在《灵光集·生命》中将会看到这样的句子：“我甚至是一位音乐家，找到了某种东西如同爱的琴键。”

滑稽表演*

特别健壮的几个怪家伙。好些人已经开发了你们的世界。[1] 不紧不慢地，他们利用着你们的意识作为他们的光辉才能和经验，却并无此需。多么成熟的人哪！夏夜般迟钝的眼睛，红色与黑色，三色[2]，嵌缀金色星辰的钢所铸就；面容变形，包铅，发灰，被烧过；发笑的嘶哑声！铜箔般残酷的步容！——有几个年轻人，——他们对谢鲁班会怎么看？——定会伴以惊恐的喊声和危险的手段。他们被派去城里背东西，穿戴奢华，恶心而可笑。[3]

哦，发疯似的鬼脸，最粗野的乐园！可不要同你们的苦行僧和其他舞台滑稽戏做比较。穿着带噩梦口味的临时

---

* 又是一篇谜一般的作品。一类观点认为，此篇表现了兰波对西方文明（宗教和帝国主义）的痛恨。

1 “好些人”可能指神甫，或殖民者。参看《灵光集・民主》：“服务于最庞大的工业或军事开发。”

2 “三色”，即蓝、白、红三色旗。

3 谢鲁班（Chérubin）是《费加罗的婚礼》中的人物，初尝爱情的少年典型，最后出场时穿着军官制服。这里的“残酷的步容”和“穿戴奢华”应是影射军装。

戏服，他们唱着悲歌，演着土匪和半神的悲剧，就像历史或宗教从未有过这些似的。[1]中国人、霍屯督人、波希米亚人、矮人、土狼、刺蜥、老癫狂、恶魔，他们将大众的、母性的表达方式与兽性的姿态和柔情杂糅在一起。[2]他们将演绎新的剧目和《好姑娘》等歌曲。杂耍队的领头，他们变换了场景和人物并排演引人入胜的喜剧。眼睛在燃烧，血在歌唱，骨骼在膨胀，泪水和红色的细流涓涓流淌。他们的嘲笑或恐惧只持续了一分钟，或整整数月。

打开这野蛮表演的钥匙，只有我一人拥有。[3]

---

1 土匪、殖民者演出过历史，半神和十字架演出过宗教。

2 此句混合了种族、兽类，还有抽象的短语，是本篇中最奇特而又难解的。兰波似要将野蛮的、迷信的、痴狂的观念连成一体。霍屯督人是西南非的土著居民，又译作火吐图人。刺蜥生长在澳大利亚，从前当地人以人牲祭刺蜥。联系下面几句，我们知道这是集市的露天舞台。兰波是否想表现两种相悖的人类现象和情感：关于神的悲剧（恐惧），持续几个月；关于人的喜剧（嘲笑），持续一分钟。

3 兰波已经告诉我们唯有他才能破译这出“野蛮表演”，或者说，兰波将这场街头表演转化成他自己的叙述，除他之外无人能真正理解这篇作品。

古　代*

潘神可亲的儿子！你的额头戴着花果冠，眼睛像两颗宝珠，转动不定。你的面颊凹陷，染有棕色的污渍。[1] 你的獠牙闪亮。你的胸像一把齐特拉琴，钟铃声在你金黄的胳膊间萦绕。你的心脏在这睡着双性的体内跳动。散散步吧，夜色里，轻轻移动这条大腿，这第二条大腿和整条左腿。[2]

---

* 此篇可能是受一些雕塑或文学作品的启发，潘神（Pan）是希腊神中的畜牧神，因此兰波可能是写牧神（Faune），也有人认为是写半人马（Centaure）。

1 "棕色的污渍"指酒渍，这是典型的牧神面貌，参看兰波诗《牧神的头》里："棕色沾血的嘴唇犹如陈酒/在树枝下爆发阵阵笑声。"

2 这最后一句显得奇特。跟帕尔纳斯派（le Parnasse）不同，兰波要赋予这座古代雕像动作和生命。兰波的观察点首先在右大腿，然后在左大腿和整条左腿。

美之存在*

雪色前一个身材高挑的美的造物。死亡的呼哨，低沉的音乐涟漪，使这具可人的身躯鬼魂般升起，扩展，颤动；鲜丽的肌肤里爆裂出猩红发黑的伤口。[1]生命自身的颜色在加深、起舞，在台上围绕着幻象渐渐消散。而震颤加升，并低低嗥叫，带来狂怒的滋味，承受着死亡的呼哨和嘶哑的乐音，被我们身后远远的尘世抛在我们的美之母身上，——她在后退，她站起来了。哦！我们的骨头又披上了一具情爱的新肉身。[2]

* * *

---

* 又是一篇颇费解的诗。原题为英语“Being Beauteous”，魏尔伦也有一些诗是以英语作题。A. 亚当（A. Adam）认为这首诗的灵感来自一位亚洲美女。这“美之存在”是通灵诗人在远离喧嚣时看到的一个幻象，一种不可知的美。通过诗人的笔，这个美的幻象渐渐清晰，最终成为一个活物。

1 有一种猜测认为“猩红”指嘴、“黑”指眼睛。红与黑这两种颜色经常同时出现在兰波的诗歌中。“红”是血的颜色，血一干即成紫黑色。

2 兰波好似记起了《圣经·以西结书》第三十七章里的句子，“骨与骨互相联络。我观看，见骸骨上有筋，也长了肉，又有皮遮蔽其上。”（和合本）

哦，面如灰烬，肩披鬃毛，水晶的胳膊！我必须穿过轻灵空气和树林的交混，猛扑这座大炮！[1]

1 这一小段颇晦涩。第一句好似写一舞女；但第二句中“大炮”“猛扑”又明明写战斗和死亡，树木、天空在倒下的人眼中摇晃并交混在一起。

生　命*

一

哦，圣国的大道，神庙的露台！那位向我解释过箴言的婆罗门僧侣而今安在？[1] 从那时，从那里，我甚至依然看见那些老妇！我回忆起阳光下银色的时日，迈向河流，一只乡村的手搭在我肩上，我们站在撒满胡椒的平原上轻轻爱抚。——一群猩红的鸽子飞起，雷鸣般响彻我的思绪。——流落在此，我于是有了一个舞台，演出所有文学中的杰出剧作。我将展示你们闻所未闻的财宝。我查究你们发现宝藏的历史。[2] 我看到了续文！我的智慧与混沌一

---

* “生命”（Vies）一词在原文中用的是复数，兰波在这里讲述他想象或记忆中的几个生命场景。兰波在《地狱一季·谵妄（二）》中曾说过：“每一个生命，在我看来都与别的生命有关联。”

1 “箴言”（les Proverbes）此处显然不是指《圣经》里的“箴言”，而是指印度的《吠陀经》。兰波用想象来实现他对东方的向往。

2 对帕尔纳斯派及其他一些作家发现的所谓宝藏，兰波颇为不屑。

样受到轻视。我的虚无是什么，在你们将要到来的惊愕近旁？

二

我是一位发明家，与所有前人有明显不同的功劳；我甚至是一位音乐家，找到了某种东西如同爱的琴键。[1]而今，朴实无华的天空下，寒冷刺骨的乡间，一位绅士，我，让自己沉浸于回忆，试图让自己振奋起来：行乞的童年，最初的学艺，或穿着木鞋而来，一场场论战，五六次寡居，还有几次婚礼，在那儿我强健的头颅阻挠我与同伴们合拍。[2]我分享过神奇的快乐，我不后悔：这寒冷乡间朴实的天空深深滋养着我残暴的怀疑主义。但是因为这怀疑主义从今往后不会被付诸行动，另外我已献身于一种新的纷乱，——我等着变成一个凶恶的疯子。

---

1 “Clef”既有钥匙又有琴键之意，此处是双关语。

2 这里兰波为我们讲述了他的生活经历：童年的出走和流浪，初到巴黎时的笨拙拘束，以及和魏尔伦及其朋友们的生活。兰波在巴黎经常与“同伴们”因观点不同而发生争执。

三

在一间阁楼里被关到十二岁，我认识了世界，我为人间喜剧加上插图。[1] 在一个地窖里我学了历史。在一座北方城市的某个欢庆之夜，我遇见了从前画家们所有的女人。[2] 在巴黎的一条老弄堂里，人们教给我古典科学。在一座为整个东方所包围的华美住宅里，我完成了我的巨作而后功成隐退。[3] 我搅动我的血液。我的义务已经卸除。这事想都不用再想。我确实来自往生，没带口信。[4]

---

1 兰波在家乡可能读过巴尔扎克（Honoré de Balzac）的《人间喜剧》（*La Comédie humaine*）。

2 A. 亚当认为兰波可能在安特卫普观看过鲁本斯（Paul Rubens）关于他妻子的画作。

3 让人想起兰波在《地狱一季·不可能》中写过的"东方之梦"："我回到东方，回到原初的智慧，永恒的智慧。"

4 兰波在这里真正埋葬了他过去的生活，这也是《地狱一季》的一个重要主题。"往生"（outre-tombe），这里似暗指夏多布里昂（François René de Chateaubriand）的《往生回忆录》（*Mémoires d'outre-tombe*）；此书因outre-tombe字面意思"墓外"而被译作《墓外回忆录》，还有《墓畔回忆录》《墓中回忆录》等译名。事实上，这个词源自《圣经·路加福音》第二十四章："妇女们便携带预备下的香料，来到坟墓那里，见石头已由墓穴滚开了。她们进去，不见了主耶稣的遗体。"（思高本）与"outre-tombe"相近的说法有：la vie après la mort（死后的生命）、existence post-mortem（死后的存在）、vie dans l'au-delà（在那边的生命）、vie éternelle（永生），等等。

出　发*

看够了。视野已遍及所有天空。

受够了。城市的喧闹，夜晚，以及阳光下，总是这样。

经历够了。生命几度停滞。——哦，嘈杂与幻象！

出发，在崭新的情爱和喧哗中！[1]

---

* 此篇如同上篇，是献给过往的祭词。最后一句又是向新生活的致意，可能是暗指与热尔曼·努沃共赴伦敦（1874年）。

1 “看够了”（assez vu）、“受够了”（assez eu）和“经历够了”（assez connu）结尾都是元音“u”。这篇短诗中词的反复，以及多处名词短语的运用所形成的节奏感向来为人称道。

王　权*

一个美丽的清晨，无比温存的人群中，一对奇美的男女在广场上喊道：“朋友们，我要她成为女王！”“我要做女王！”她笑着，颤动着。他告诉朋友们一些隐秘，以及最终的考验。[1]他和她痴狂不已。

事实上，整个早上他们就是国王和王后，他们在屋子上竖起胭红的挂毯，整整一个下午，他们从棕榈叶披盖的花园一角向前走去。[2]

* 关于此篇的象征意义有多种猜测，有人认为这是描述兰波的精神王国，有人认为指兰波和魏尔伦的同居生活。真实与梦幻经过诗人的戏剧化处理，要究其细节已极为困难。

1 “一些隐秘”和“最终的考验”令人想到通灵诗人在向不可知探索挺进。

2 “胭红的挂毯”和“棕榈叶”暗示着光荣和凯旋。兰波可能想到了耶稣进耶路撒冷的情景。

致一理式*

你的手指一击，鼓就发射出所有的音，于是开始了新的和谐。

你的脚步一开，即是新人类的崛起和他们前进的步音。

你的头颅转动：新的爱！你的头颅回转：——新的爱！[1]

“改变我们的命数，祛除灾祸，现在就开始”，那些孩子向你唱道。“无论身处何地，机运和祈愿，培育其实质”，人们向你请求。

你已永久地到来，并将无所不往。[2]

---

* 兰波读过傅立叶（Charles Fourier）、米什莱、布朗（Louis Blanc）等关于建立社会新秩序的书。此篇当与《灵光集·神灵》写于同一时期，兰波此时仍相信通灵论、社会改造和移风易俗，仍相信存在“改变生活”的秘密途径。兰波在此篇中歌颂新的爱、新的和谐，这就是诗人在《神灵》中所说的“重新发明的完美尺度，出乎意料的奇妙的理”。

1 艾吕雅（Paul Éluard）的诗歌一定因此句受益匪浅。

2 这最后一句强调这一理式的永恒性和普世性，它永远是必要的，并将传播到所有地方。“永久地到来”呼应上一段的“现在就开始”，“无所不往”呼应“无论身处何地”。

醉之晨*

哦，**我的**善！哦，**我的**美！[1] 残暴的号角吹响，我可不会踉踉跄跄！美妙的拷刑架！[2] 为闻所未闻的作品欢呼，为美妙绝伦的肉身欢呼，为这第一次欢呼！它始于孩童的笑声，并以此终。[3] 这毒药将留在我们全身的血脉里，尽管号角转向，我们重返原先的不谐。[4] 哦，眼下，这可真是我们应得的苦刑！我们虔诚地汇集起它向我们的灵与肉所做的超凡承诺：这承诺，这痴狂！优雅，科学，残暴。[5] 我们得

---

* 此篇极有可能写于第一次吸大麻之后，兰波在“通灵人书信”中写过“他探索自己，用尽身上一切毒药，只为保留精华”。

1 诗人找到了他自己的道德和美学，它超乎一切规则之上，参看下文“我们得允诺要把善恶树埋葬在阴影里”。

2 诗人通过这拷刑架，通过“难以形容的痛楚折磨”（见“通灵人书信”）走向不可知。

3 波德莱尔（Charles Baudelaire）在《人造天堂·诗歌》中写过“第一阶段是天真的快乐”。

4 “原先的不谐”指日常世界，兰波梦想着一个“和谐与美”的世界。波德莱尔在《大麻诗歌》中曾提到吸大麻者这种“和谐与美的世界”的幻觉。

5 连续五个词都带有尾音[s]：Cette promesse, cette démence! L'élégance, la science, la violence.

允诺要把善恶树埋葬在阴影里，放逐暴虐的诚实，以便带给我们极其纯粹的爱。[1]这由儿阵恶心开始，随即结束，——因它未能用这永恒把我们就地擒获，——香销之时，它亦结束。[2]

孩童之笑声，奴隶之谨慎，贞女之严厉，神色之恐惧，还有此间种种，今宵的回忆为你们祝圣。这始于粗野不堪，而今终以冰与火的天使。

神圣的迷醉，短短一宵！如果这只是为了你赐予我们的面具。我们肯定你，这方法！我们不会忘记昨天你荣耀了我们每个人的年岁。我们信仰毒药。我们知道每天都奉上我们整整一生。

现在到了**刺客**的时辰。[3]

---

1 这极其纯粹的爱是脱离了西方文明统治的新爱，其基石和关注是灵魂和肉身。

2 此句颇似暗示吸大麻者最初感到的恶心；至于“这种永恒”，波德莱尔在《大麻诗歌》中曾描述过吸大麻者膨胀了的时间概念：在同一空间里领受着几次生命，每分钟都是一次永恒。

3 “刺客”（Assassins）一词在原文里是复数大写斜体字。这个词来自阿拉伯语 حشاشين（Hashashin），意思是“食草者”。米什莱在《法兰西历史》第二卷中曾提到，建立于古代波斯11世纪的这一宗派（“山中老人”），其成员必须执行暗杀任务：“有一点可以肯定，为了赋予其成员以疯狂的勇气，首领让他们喝某些迷幻药汤，把他们带到快乐的境地，然后说服他们已经品尝到忠诚者的天堂之乐。”这些刺客显然是完全蔑视死亡的，由此我们可以更好地理解上一段。

断　句*

当世界缩小到只有一片黑树林，只留下我们两双惊呆的眼睛，——缩小到一片沙滩，给两个忠诚的孩子，——缩小到一间有音乐的屋子，承载我们明晰的同感，——我就会找到您。

愿这里只有一位孤单单的老人，平静，硕美，为“闻所未闻的奢华”所包围，——而我就会跪在您膝下。

愿我恢复您所有的记忆，——愿我是一个知道怎么捆绑您的女人，——我就会把您闷死。

~~~~~~~~~~~

当我们年富力强时，——谁退却？快乐无比时，——谁因讥笑跌倒？当我们凶神恶煞时，——人家对我们又能

* 此篇分两部分：第一部分为三段，带有强烈的抒情意味；第二部分从“一个乌云密布的早晨”开始，分为五段，更具描写性。从“当公共基金……”一段看，可能写于庆祝法国大革命纪念日，即7月14日。至于写作年份，可能是1875年，因为1873年7月10日发生了布鲁塞尔悲剧，而1874年7月兰波在伦敦，这两个年份都不大可能。
~~~~~~~~~~~

奈何？

装扮起来吧，跳舞，大笑。我永远不能把爱抛出窗外。

~~~~~~~~~~~

——我的女伴，女乞丐，妖怪孩童！[1]对你来说都一样，这些不幸，这些诡计，还有我的窘困。用你难以忍受的声音将你和我们捆绑起来吧，你的声音！这廉价的绝望中唯一的谄媚者。

一个乌云密布的早晨，七月。空气中飞腾着一股灰烬的味道；——炉膛里有一种湿木头的气味，——那些被浸渍的花，——散步路上圮毁荒废，——田间沟渠的蒙蒙细雨——为什么还没有玩具和熏香？[2]

* * *

我拉紧一座又一座钟楼的绳子；一扇又一扇窗子的花

1 这一段中的“女伴”，让古认为指魏尔伦，马图奇（Mario Matucci）认为指兰波乞丐般的童年，另有人认为指伦敦街头的一个女乞丐，还有人认为是影射魏尔伦的妻子玛蒂尔德。

2 “玩具和熏香”使人想到圣诞节，兰波可能是想说天空阴沉、寒冷多雾，像在冬天一样。
~~~~~~~~~~~

饰；一颗又一颗星星的金链，我跳起了舞。[1]

* * *

高处水塘烟雾不绝。怎样的女巫将耸起在苍白落日前？怎样紫色的叶簇将要坠落？

* * *

当公共基金在博爱庆典上流失，云中响起了玫瑰色火焰的钟声。

* * *

中国墨汁迷人的味道在加剧，黑色粉末轻轻落在我的长夜。[2]——我调弱吊灯的火光，跳到床上，而当我从阴影一角转过身来，我看见了你们，我的姑娘！我的女王！

* * *

1 此段给人极强的空间感。我们如同看到兰波逃脱了沉闷的现实，在诗的天空中跳舞。最后一句让人想起尼采（Friedrich Nietzsche）《查拉图斯特拉如是说》中的句子："尚需体内一团混沌，孕育一颗飞舞的星。"

2 此句打通了味觉（墨汁的味道）与视觉（黑色粉末），更有一"落"（pleut，意为"落雨"）字，夜晚变成可感之物。

工 人*

哦，这二月热烘烘的早晨。不合时宜的南方来撩起我们无故贫穷的记忆，我们年纪轻轻就遭受的不幸。

亨莉卡有一件棕白方格的棉布裙，大概是上个世纪穿的，还有一顶有饰带的便帽和一条丝巾。这真是比服丧还要哀伤。我们在郊区转了一圈。天气阴沉，南风激起了毁坏的花园和枯干的小牧场各种难闻的气味。

这不会使我的女人疲惫，我也不会。在相当高处的一条小路上，她让我留意有些小小的鱼儿，在上个月的洪水留下的水洼里。

城市，带着烟尘和职业的嘈杂，很远还在路上跟着我们。哦，另一个世界，住所受到天空和树荫的祝福![1] 南方让我想起童年那些悲惨事件，我夏天的绝望，满身力量和

---

* 此篇中的女人，有人认为指魏尔伦，也有人认为是兰波在北欧认识的一个女子，因为亨莉卡（Henrika）是斯堪的纳维亚女性的名字。

1 “职业的嘈杂”应是纺织机声，可能在法国北方或纺织业兴盛的英国。兰波梦想着另一个世界，远离工业，有纯净的天空，城市不会紧随郊区的漫步者。

学识，可出路总离我那么远。不！我们不在这个吝啬的国家过夏天，在这里我们永远只能是订了婚的孤儿。我要这变硬的胳膊不再拉出一个宝贝形象。

桥*

水晶般灰色的天空。一幅桥的奇特构图，这座平直，那座拱起，另一些直落或斜跨于起先那些桥上，这些形状变幻更新，在被运河照亮的另一些圈中，但都跟背负大教堂穹顶的河岸一样长而轻盈，并在降低，在缩小。这些桥，有些还背负着破屋子。[1] 另一些支撑着旗杆，标杆，易碎的栏杆。哀婉的和弦相互交错并尾随，弦乐升起在陡峭的河岸。可以辨认出一件红上衣，或许还有别的戏服和乐器。这是民间小调，是领主音乐会的尾声，抑或公众赞美歌的余音？河水灰蓝，宽阔如海的臂弯。[2] ——一道白光，自高空落下，消散了这幕喜剧。[3]

---

* 这篇《桥》有如印象派的画，是雾中伦敦的幻象。

1 最后一批建造在伦敦桥上的房屋已于18世纪拆除，但在一些古雕版的版画上还可以看到，还能看到圣保罗教堂的拱顶。

2 “海的臂弯”（bras de mer）指海渗入陆地、狭而又深的水域，不同于海湾。在《灵光集·城市（*官方的卫城*……）》中，兰波也写道：“一道海的臂弯，没有船……”

3 幻象总是转瞬即逝，是“激烈而疾速的梦境”（见《灵光集·长夜》）。此句与《童年》的最后一句“为什么在拱顶一角气窗表面已微微发白”属同一主题：幻灭，空无，孤寂。

城　市*

在粗俗的现代大都市里我是一个蜉蝣、一个并无太多不满的公民，因为无论室内陈设、房屋外部还是城市规划，一切众所周知的趣味都已被规避。你们在这里指不出一座迷信建筑的痕迹。道德和语言减缩到最简单的表达，终于！这几百万无须互相认识的人如此相似地领受着教育、职业和衰老，以至于生命的流程肯定要比太多统计所显示的大陆人寿命短许多倍。还有，从我的窗口，我看见新的幽灵滚动着穿过厚重而永在的煤烟，——我们的林荫，我们的夏夜！——新的复仇女神站在我的村舍前，它是我的祖国，是我全心所系，因为这里一切都跟它相似，——无泪的死神，我们殷勤的女儿和女仆，一场绝望的爱情，还有一桩漂亮的罪行，在街道的泥沼里啼哭。

---

* 题目为“Ville”，单数，《灵光集》中题为“城市”的诗共三篇（*Ville*、*Villes*和*Villes*），还有一篇《大都市》（*Métropolitain*）。这些城市一方面是兰波对真实城市的回忆，像这篇中的伦敦；另一方面又加进了诗人的玄想和幻觉。兰波常常任自己的喜好，用诗的语言来构建幻想中的城市。这一根源可能来自大麻，波德莱尔在《食鸦片者》中曾提到“惊人而庞大的建筑物在他的脑中耸立起来……梦中的露台、塔楼、城墙升向不可知的高度，并深深陷入地下”。

车　辙*

右首，夏日晨曦唤醒了树叶、水汽和公园一角的喧闹，而左边的斜坡保留了千百道飞快的车辙，紫色阴影笼罩潮湿的路面。[1] 重重仙境般的隘路。其实：是载有镀金木兽、旗杆和杂色布景的彩车，由二十四花斑杂技马飞奔引领，还有骑着异兽的孩子和男人；——二十辆车，负重，披彩，缀花，如同故事里的老式四轮马车，载满乔扮成远郊牧人的孩童。——甚至有几口棺材，在夜之华盖下披着乌木羽饰，紧随在一群蓝色和黑色大母马的快步后面。

---

* 是杂技表演、是梦幻般的车马队伍，还是送葬队列，留下了这千百道飞快的车辙？描写介乎真实与非真实之间的幻象，是《灵光集》显著的特点。

1 “阴影”不是黑色的，而是紫色的，有如印象派画风。“紫色”曾见于《洪水过后》中“紫色乔木林”和《断句》中“紫色的叶簇”。

城　市*

就是这些城市！就是这些人，阿勒格尼山脉[1]和黎巴嫩山脉从梦中为他们显现。几间水晶小屋和木屋移动在隐形的铁轨和滑轮上。古老的火山口被巨型兽像和铜棕榈所环绕，在烈火中带着旋律咆哮着。[2]运河悬挂在小屋后，河面上空鸣响着情爱的节日。钟声阵阵相逐喧叫在峡谷。巨人合唱团也赶来了，身披闪亮的衣裳和焰形旗，有如峰顶的光。深壑中央的平台上，罗兰们唱颂着他们的英勇。[3]太阳的炽热给深谷的索道和客栈的屋顶饰以彩旗。神像坍塌，归于高处的田野，高洁的半人马女神在雪崩之间移动。最高的浪峰之上，大海因维纳斯永远的诞生而激荡，

---

* 题目为“Villes”，复数，这是《灵光集》中第二篇以“城市”为题的诗。这篇《城市》是巴黎之梦（如波德莱尔），是未来的城市构图，还是对阿拉伯沙漠和索马里海岸的憧憬？兰波在此篇中汇聚了不同地域、不同时代的神话传说、记忆和幻想，使之在同一地点、同一时间发生。

1 阿勒格尼山脉位于北美东部，是阿巴拉契亚山脉的支脉。

2 酷似亚丁。兰波在1883年1月15日的家信里写道：“亚丁是一个火山底座，寸草不生。”

3 罗兰（Roland），即法国中世纪史诗《罗兰之歌》的主人公。

载负着合唱的浮标、珍珠的喧闹和珍奇的贝壳，——时而闪过致命的光芒，令大海变得昏暗。在丰收的山坡上花朵在呼啸，硕大如同我们的兵器和酒杯。马布们的队列穿着橙红、乳白的裙袍攀上激流。[1] 高处，群鹿脚踩瀑布和荆棘丛，吮着狄安娜的奶。[2] 郊外，巴克斯的女祭司在呜咽而月亮在燃烧，嗥叫。[3] 维纳斯走进铁匠和隐士的岩穴。一群群钟塔歌唱着民众的思想。兽骨筑就的城堡里飘出未曾听闻的音乐。所有传说都在演化而激情在市镇上涌动。暴风雨的天国坍塌。夜之庆典，野人狂舞不休。而有一小时我陷入巴格达大街蠕动的人群，有乐团歌唱着新劳动的欢乐，微风阵阵，因无力回避山峰庞大的幽灵而回旋不止，而人们本应在群山中找回自身。

是怎样友善的手臂，是怎样美妙的时辰将我归于这个地区，从此地传给我绵绵睡意和最细微的动作？[4]

---

1 马布（Mab）是英国中世纪民谣中的一位仙女。苏珊·贝尔纳（Suzanne Bernard）认为，兰波对这个词的使用可能来自对莎士比亚戏剧《罗密欧与朱丽叶》的阅读记忆。

2 狄安娜（Diane）是罗马神话中的狩猎女神，即希腊神话中的阿尔忒弥斯。

3 巴克斯的女祭司（Les Bacchantes），巴克斯（Bacchus）是罗马神话中的酒神，即希腊神话中的酒神狄俄尼索斯。

4 “这个地区”是指新劳动预示的未来吗？还是指前面描述的人间仙境？或者是指疾速而辉煌的梦之王国？

浪　子*

可怜可悲的兄弟！曾是多么残酷的夜晚，多亏有他！“我并没有热衷于此事。[1] 我嘲弄他的软弱。都是我的错，我们又沦落到流浪的境地，奴隶的生涯。”他猜想我命途古怪，晦气又无辜，他还加上一番令人不安的理由。

我以冷笑回答这位撒旦医师，而后径自走到窗前。就在那边，我幻化出一片田野，乐队吹奏着奇罕的音乐穿行其间，还有未来夜之华彩中的鬼魂。

这一番仿佛有益健康的消遣之后，我在草垫上舒展开四肢。然而，几乎每个夜里，刚刚入睡不久，这可怜的兄弟就要起来，嘴巴糜烂，眼珠挂落，——这就是他梦见自己的模样！——并把我拉到客厅里，一边嗥叫着告诉我他那愚蠢而痛楚的梦。

事实上，我满怀精神的赤诚，力图将他带回到太阳之

---

* 我们可以从此篇看出这对流浪儿之间的关系，一个性格软弱，另一个缺乏耐心，互不相容。只不过而今事过境迁，诗人的心头掠过一丝感激。

1 “此事”极可能指兰波的通灵实践。因兰波很快发现此事是徒劳，故魏尔伦在争吵时多次嘲笑过他的狂热。

子[1]的原始状态，——于是我们四处漂泊，渴了就喝岩洞里的酒[2]，饿了就吃路上带的干饼，而我正急于找到那应去之地和那必在的理式。

1 “太阳之子”的原始状态，人的灵魂兼具神性和兽性。“太阳之子”一语可能来自关于南美的游记，印加人的君王称“太阳之子”。

2 “岩洞里的酒”，指泉水。

城　市*

官方的卫城夸大了最庞大的现代野蛮观念。无法表现这永是灰色的天空制造出的暗淡日光，砖石房屋上帝国的光芒，以及地面永恒的积雪。人们用巨型风格的独特口味复制了所有精彩的古典建筑。[1] 在一些比汉普顿宫[2] 大二十倍的场所，我参观了一些画展。怎样的画啊！一位挪威的尼布甲尼撒[3] 派人建造了内阁各部的楼梯；我能看到的下属人员比梵天[4] 更骄傲，一见到高大的守卫和建筑官员我就

---

* 题目为"Villes"，复数，这是《灵光集》中第三篇以"城市"为题的诗。此篇有关于伦敦的记忆痕迹，但更多的是庞大得像迷宫般的未来之城，并带有巴比伦建筑风格。兰波可能看过一些有关巴比伦或尼尼微的版画。

1 兰波可能想起了伦敦的水晶宫，其拱顶由钢框架的玻璃构成，长廊镶嵌着绘画和建筑杰作的复制品。

2 伦敦郊外一处建于16世纪的行宫。

3 尼布甲尼撒（Nabuchodonosor），这里指下令建造巴比伦城的巴比伦王尼布甲尼撒二世，公元前605年至前562年在位。

4 此处原稿字迹不清，只有词首"Bra"可读。有研究者推测是"Brahmas"，即梵天，印度教中的创造之神；也有版本推测是"Brahmanes"，即婆罗门僧侣，还有"Bravi""Brennus""Bravaches"等猜测，但一般认为词的结尾应是"-as"，故现多取"Brahmas"。

发抖。通过将广场上的屋宇归置集群，形成庭院和封闭的平台，马车被排除在外。所有公园呈现出用高超艺术造就的原始气质。高处街区有些部分无法解释：一道海的臂弯，没有船，在一个个布满大灯柱的码头间翻卷着它的一片蓝雪子。一座短桥在圣礼拜堂的拱穹下直接跨向一道暗门。这拱顶由直径约一万五千尺的艺术钢架构成。

根据铜铸的小桥，平台，以及环绕市场和石柱的楼梯等处，我想能够判断这城市的深度了！这是我不能设想的奇迹：在卫城之上或底下的其他街区究竟有多高，有多深？对于我们时代的外乡人来说，要认识这些是不可能的。商业区是统一的色卡斯风格，有阿卡德式长廊。[1] 看不到商铺，但马路上的积雪被碾压过。跟伦敦星期天早晨的散步者一样少见的几位富商[2] 走向一辆钻石装饰的驿车。几张红色天鹅绒沙发床：这里供应极地的饮料，价格从八百到八千卢比不等。[3] 出于在这广场上寻找剧院的念头，我

1　色卡斯（circus），此处原文是英语词，原指古罗马竞技场，这里指环形广场，可能暗指伦敦的皮卡迪利广场（Piccadilly Circus）；阿卡德（arcade），此处原文是英语词，即拱廊，可能暗指伯灵顿拱廊街（Burlington Arcade）。

2　富商（nabab），这个词源自乌尔都语借用的阿拉伯语，意思是“代理人”，18世纪进入英语后写作“nabob”，特指“在印度发财的欧洲人”，法语从英语借用后写作“nabab”，更接近词源上的拼读。

3　卢比（roupie），印度的货币单位。

自忖商铺应该包括比较感伤的戏剧。我想可能有一个警察局。然而法律该是特别奇怪吧，我放弃了在这里冒险的念头。

市郊，和巴黎的美丽街道一样漂亮，被赋予一片光灿灿的天空。民主因素拥有几百个灵魂人物。这儿，房屋也不一间间相连；市郊奇怪地消失在田野中，“领地”[1]让永恒的西方布满丛林和珍奇的植物，野蛮的绅士在那儿追逐着他们的编年史，在我们幻化出的光芒中。[2]

---

1 “领地”（Comté），可能是兰波从英语词“County”（郡）翻译而来。

2 此处难以理解，可能是说“野蛮的绅士”按照古老的英国传统以猎狐为乐，一年年消磨着时间，不会有“编年史”记录这些身影和事迹，唯有在诗人创造的诗性“光芒”中得以幻象般显现。

长　夜[*]

一

这就是被照亮的休憩，既没有狂热，也没有感伤，躺在床上或草地上。

这就是朋友，既不热情，也不软弱。朋友。

这就是被爱的女人，既不折磨人，也不受折磨。被爱的女人。

天空和人世无从探寻。生命。

——那么就是这个？

——而梦在变凉。[1]

---

* 第三篇比前两篇更具迷幻色彩，可能写于不同时期。手稿中前两篇在一张纸上，第三篇写在另一张纸上，而且原来另有题目“长夜”，“三”是涂在“长夜”上的。第一篇应与《灵光集·海滨》写于同一时期，兰波试图找到韵体诗和散文的中间形式。

1 从梦的恢宏回到现实的失意，屡见于《灵光集》许多诗篇的最后一句。

二

光亮又回到这屋之树上。[1]大厅两头，随意的装饰，与和谐的仰角连接一起。醒着的人对面的墙，是檐壁剖面、大气带以及地质事故的心理接续。——激烈而疾速的梦境，所有表象间情感的组群与所有特征的生命。[2]

三

长夜的灯火和地毯发出波涛的喧闹，夜，沿着船身，围绕统舱四周。[3]

长夜之海，如同阿梅丽的胸。

挂毯，直到半高处是齿状矮树林，绿宝石颜色，夜之斑鸠扑向那里。[4]

---

1 “屋之树”可能指桅杆。

2 这“激烈而疾速的梦境”可用来形容整部《灵光集》：如雾如电，如梦如幻。诗人蓬勃的生命力在唤起“所有表象”“所有特征”的存在之物，以及各种“情感的组群”来获得诗性存在。

3 是渡海的夜舱吗？或是凝视着屋里的“灯火和地毯”出现的幻觉？

4 是挂毯直到墙的半高处，还是大海悬挂到夜空的半高处？“齿状矮树林”是挂毯的绒毛，还是大海的波浪？它们都是一样的绿宝石般的颜色。而夜之斑鸠究竟要飞向哪里？

. . . .

黑壁炉里的木板，真正的沙滩太阳：啊！魔法之井；此次唯一的晨曦之光。[1]

1 诗人凝视着壁炉里的火焰，产生了以上的幻觉，所以称燃烧的木板为“真正的沙滩太阳”。

神　秘*

在陡坡斜面之上，天使在钢铁与祖母绿的草丛中转动着它们的羊毛裙。[1]

火焰般的草地蹿动着直到山丘顶。左边，山脊的沃土被所有的凶犯和历次战役所践踏，而所有悲惨的声响纺织着它们的曲线。[2]右边山脊的背后，是东方的线条、进步的线条。[3]

而当画面高处一带由海螺壳和尘世之夜萦绕并蹿动的嘈杂声构成，

星辰、天空及其余一切那花开般的甜蜜降落到斜坡对

---

* 一幅神秘的画，中央是天使起舞的草坡，左边是人类的残杀，右边是东方进步的线条，高处是大海和夜的声响，最后是星空降落的蓝色深渊。有研究者认为高更的《听道后的幻觉》(即《雅各与天使搏斗》)受这篇诗启发而作。这幅画创作于1889年，《风行》杂志发表这首诗是1886年，但考虑到该杂志仅发行了两百册，这种可能性应该很小。

1 “钢铁与祖母绿的草丛”让人联想到火车铁轨和斜坡上的草。

2 给声音以视觉是兰波诗歌艺术的一大特点，如《美之存在》中“低沉的音乐涟漪”。

3 “东方”有象征意义，即太阳从东方升起；而“进步”将取代摧毁性的残杀。

面，像一只花篮，——迎着我们的脸，在下面形成一道开花的蓝色深渊。[1]

1 “花开般的”（fleurie）和“开花的”（fleurant），暗示着一种嗅觉。

晨曦*

我拥抱夏之晨曦。

宫殿前一切尚无动静。池水死寂。重重暗影依然驻留林间大道。我走着，唤醒了浓烈而温热的气息，而宝石在张望，翅膀摇升，悄无声响。

第一件奇事：在已经布满了清新的微白亮光的小径上，一朵花向我道出它的名字。

我向着金色的瀑布欢笑，它披散着头发穿过丛林：在银光闪闪的瀑顶上我认出了女神。[1]

于是我撩起一层又一层面纱。在林间道上，挥动着胳膊。我穿过原野，向公鸡宣告她的到临。在大城市里，她逃逸于钟楼和拱顶之间，而我像一个乞丐奔走在大理石码

---

* 此篇被认为是《灵光集》中最美又最易理解的诗篇之一。诗人对大自然的爱带有探究的欲望和深深的质疑，他只能“稍稍感觉到她那巨大无垠的身躯”。对不可知的探寻，其结果依然令人失望。

1 “瀑布”（wasserfall）一词在原文中是德语。此诗应该写于德国，因为兰波在此之前连一个德语词都不知道。女神即晨曦，她最先照亮了瀑布的顶，而后照亮了高的建筑：钟楼、拱顶……

头上，紧追不舍。

大道高处，月桂林旁，我用拢集的面纱将她团团裹住，而我稍稍感觉到她那巨大无垠的身躯。晨曦和孩子跌倒在树林深处。[1]

醒来时已是正午。

1 兰波用“孩子”这第三人称替代了“我”，具有某种暗示，因为最后一句说他“醒来”了，即已是成人，而童年那种想要“撩起”大自然的“面纱”的愿望已经离他远去。

繁　花*

从金的台阶，——在绸带、灰纱、绿绒以及像阳光下的青铜一样泛黑的水晶圆盘之间，——我看到毛地黄在银丝、眼睛和头发织就的地毯上开放。

撒满黄金碎片的玛瑙，支撑着绿宝石拱顶的桃花芯木柱，一束束白缎和红宝石细杆，簇拥着这朵水之玫瑰。

如同一位蓝色巨眼、雪般形体的神灵，大海和天空将一簇簇娇嫩茁壮的玫瑰吸引到大理石露台上。[1]

---

* 题目“Fleurs”是“花”的复数，故译作“繁花”。这篇非常有名，评论者阐释甚多。有研究者认为应从炼金术的角度来理解，因为“花”在炼金术中指金属纯粹的本质，是物质中的精神。有人认为兰波仅仅是写“花”而已，但富有诗意：兰波式的转换手法，带来一个鲜丽多姿的童话世界。有人从这篇诗中看出一曲各种色彩闪烁的交响乐：幻象首先从水平面建起，然后转入垂直面，最后扩展到“大海和天空”。还有研究者从中看出一场芭蕾舞剧，戏剧化是兰波诗歌经常运用的手法。

1 “蓝色巨眼”应是指“大海和天空”，而“雪般形体”像是指“大理石露台”。

通俗小夜曲*

一阵风吹开隔墙上歌剧般的裂缝，[1]——搅乱了蛀蚀屋顶的绕轴转动，——消散了壁炉的边线，——遮住了窗棂。——[2]

沿着葡萄藤，我脚撑滴水石兽，——登上这辆华丽马车，凸状玻璃、隆起的护板和翘曲变形的软座标明了马车的年代。睡意的柩车，孤绝，我的愚蠢充斥的牧羊人小屋[3]，车辆在一条模糊的大道的草坪上转弯：在一个死人眼里，右边玻璃上部旋转着月亮灰白的脸，树叶，乳房；——深绿色和深蓝色侵入图像。在一块沙砾斑点的周

---

* 这是一个不稳定的、游移的、逐渐消失的世界，一个大麻的世界，一个魔幻术的世界，来自对炉火的凝视。参看《长夜》第三节。

1 原文使用“opéradique”一词，是兰波生造的词，可能引自英语词“operatic”，意思是“与歌剧有关的”；此处与后文的“屋顶”“壁炉”“窗棂”这些日常居家意象形成对照：这阵神秘的风带来了眩晕，“搅乱”“蛀蚀”我们习以为常的生活场景，产生了诗意的变形。

2 一个随时变换布景的舞台：隔墙、屋顶、窗棂，这些生活中稳定而平常的房屋结构被诗人的晕眩牢牢攫住，渐渐变形、模糊。

3 “牧羊人小屋”可能隐射诗人维尼（Alfred de Vigny，1797—1863年）的《牧羊人之屋》，这种小棚屋底座装有轮子，以便迁移。

围给马卸套。[1]

——这里我们来为暴风雨，索多玛，——索利姆，——还有猛兽和军队吹起口哨，[2]

——（马车夫和梦之兽在最令人窒息的乔木林里又启动了，为了将我在丝绸般泉水中陷得更深直到眼睛）

——而我们，被鞭打着穿过潺潺水流和溢出的酒水，去滚动车轮，在一片犬吠声中……

——一阵风消散了壁炉的边线。

1 由于玻璃是凸状的，车外的物体都变了形，在玻璃上旋转而过。"一块沙砾斑点"，可能是一块淡颜色的斑点。这几句诗色彩的运用使人想起成立于1888年的独立画派（nabi）的画。

2 索多玛（Sodome）是《圣经》中一座被洪水和天火摧毁的城，索利姆（Solyme）是《圣经》中对耶路撒冷的称呼，兰波显然因二者音色接近才不称"Jérusalem"。

海　滨*

银制铜造的战车——
钢制银造的船头——
拍击着水沫，——
托起荆棘的根须。
荒野的激流，
还有退潮时宽大的车辙，
轮番向东奔去，
奔向森林的柱子，——
奔向海堤的树干，
海堤的一角被光之旋风所撞击。

---

* 《灵光集》中的《海滨》和《运动》两首诗发表于象征派诗人创办的《风行》(1886年)。这首诗里印象派绘画的成分比“通灵”的幻觉更多，试看：战车/船头、水沫/根须、荒野的激流/退潮时的车辙、森林的柱子/海堤的树干。

冬之节日*

瀑布在茅屋后面鸣响如同谐歌剧。[1] 束束烟花，在邻近梅昂德尔河的果园和小径上，——延长了落日的红与绿。[2] 第一帝国时期戴头饰的贺拉斯的林泽仙女，[3] ——西伯利亚圆舞曲，布歇的中国女人。[4]

---

* 此篇是对节日场景的一次快速而短促的追忆。

1 谐歌剧（Opéra-comique），又称喜歌剧，盛行于18世纪，题材取自日常生活，音乐风格轻快幽默。

2 梅昂德尔河（Méandre）在小亚细亚弗里吉亚地区，颇为蜿蜒曲折。后来"Méandre"成了普通名词，意即河流蜿蜒曲折。

3 第一帝国时期指拿破仑称帝时期（1804—1814年）；贺拉斯（Horace，公元前65—前8年），拉丁诗人。

4 布歇（François Boucher，1703—1770年）的挂毯草图带有很浓的中国味，兰波可能在《艺术家》杂志上见过。诗人让不同时代、不同地域的人物会聚于此，这可能是一个盛装的节日。

焦　虑*

她是否可能使我宽恕那些被连续摧垮的野心，——一个宽裕的结局是否可能修补赤贫的年岁，——是否有一天可能战胜命定笨拙的耻辱，好让我们安睡？[1]

（哦，棕榈叶！钻石！——爱，力量！——高于一切欢乐和荣耀！——无论何种方式，无论何处，——魔鬼，神，——这个活物的青春：我！）[2]

---

* 在这篇令人心乱如麻的诗中，我们看到诗人时而满腔激情，时而情绪低落，时而焦虑不安，而最终又充满了疯狂的希望。由于对诗中的“她”（Elle）以及“女吸血鬼”（la Vampire）的阐释不同，人们对这篇诗的理解也大相径庭。有人认为那是兰波对女性贬义的称呼（《梦想冬天》《浪漫史》等诗篇中曾这样用过）；但女人的主题在《灵光集》中已近消失。有人认为是指圣母马利亚，她给诗人的辩证体系和个人的不安带来平衡的法则。有人认为“女吸血鬼”即《洪水过后》中的女巫，掌管不可知的神秘女王，兰波决定承担起普罗米修斯的角色，忍受所有可能的痛苦折磨来达到不可知的境地。还有人认为“她”“女吸血鬼”是指死亡，诗人短短的一生一直在跟时间和死神搏斗。

1 “野心”可能指“改变生活”和“通灵”的野心。“赤贫的年岁”指行乞的童年，尤其可能指在英国的贫困生活。“命定笨拙”可能是指诗人无力抵达不可知并成为永久的通灵人。

2 诗人回忆起他那“我不也有过一回，可珍可爱的青春，壮美神奇的青春，可写在金叶上的青春，——太幸运了！”（《地狱一季·清晨》）。

一桩桩科学魔力事件和一场场社会博爱运动是否可能像原初自由的逐步重建那么可珍可爱？……

但是使我们重又变得和气的女吸血鬼，支配着我们去以她的方式消遣作乐，不然就会让我们变得更为可笑。

滚向伤口，穿过令人疲倦的空气和大海；滚向苦刑，穿过大水和杀人空气的寂静；滚向开口大笑的酷刑，在残暴汹涌的沉寂中。

大都市*

从靛蓝的海峡到莪相的大海，经香醇的天空洗涤过的玫瑰红和橙黄的沙滩上，刚刚架起了相互交叉的水晶般的林荫大道，那里立即住上了贫穷的年轻家庭，他们靠水果养活。没有一点财富。——城市！[1]

从沥青的沙漠仓皇逃窜，连同空中层层可怕的带状雾幕，而天空弯折、后退、沉降，弥漫着极凶险的黑烟，只有服丧的大洋才有这样的黑烟，头盔、车轮、船艇、马臀在逃窜。——战斗！[2]

抬起头：这座拱形木桥；撒玛利亚最后的菜园；这些被

---

* 本篇结构比较奇特，每一段以一个名词结束：城市、战斗、乡村、天空、力量，给人一种综合的联想。每一段只有一句话，有时甚至没有动词，只有一连串事物的铺陈。整篇诗的主体意义逐渐指向第四段和第五段，上篇中神秘的“她”又出现了。

1 莪相（Ossian），相传是3世纪时的凯尔特英雄和诗人。“玫瑰红和橙黄的沙滩”让人联想到凡·高（Van Gogh）的名画《圣马利亚海边的小船》（1888年）。

2 与上一段鲜艳的颜色相反，这一段色调阴暗甚至漆黑：沥青的沙漠、带状雾幕、黑烟、服丧的大海。

寒夜鞭策的提灯下着色的面具；河底，呆傻的水妖穿着哗哗作响的裙袍；这些豌豆田里光亮的额头——还有别的重重幻影——乡村。[1]

大道两旁是栅栏和墙，围裹着些小树丛，被称作“心肝”和“姐妹”的残暴的花朵，因其道路极长[2]而直入地狱的大马士革[3]，——外莱茵河、日本、瓜拉尼[4]仙境般的贵族财产，还洁净得能够接收到先人的音乐——还有已永不再开张的客栈[5]——还有公主们，如果你承受得了，还有天体研究——天空。

和她一起的早晨，你们在雪片中搏斗，绿唇、冰块、黑旗、蓝光、极地太阳鲜红的芬芳，——你的力量。[6]

1　撒玛利亚（Samarie）这一地名出现在《圣经》中，位于巴勒斯坦中部。兰波在这一段里营造了一种魔幻的场景。

2　此处的“花朵”（fleurs）、“心肝”（cœurs）、“姐妹”（sœurs）、“长度”（longueur）四个词的音韵在译文中难以表现。

3　可能来自“大马士革之路”这一典故，据传使徒保罗在前往大马士革的路上改变信仰，归信耶稣。

4　瓜拉尼（Guaranis）是南美的印第安人。瓜拉尼贵族在坟墓上种花。兰波把相距遥远的地名交混在一起。

5　兰波在《渴的喜剧》中写过：“绿色的小客栈/不再为我敞开。”

6　“鲜红的芬芳”让人想起波德莱尔《应和》中“草地般绿色的芬芳”。这里的颜色正是《元音》一诗中的五种：白（雪片、冰块），绿（唇），黑（旗），蓝（光），红（芬芳）。但在《元音》中，嘴唇是鲜红的，这里是绿色的，更突出幻象的悲剧性，“黑旗”也具有同样的效果。

蛮　子*

就在日子、季节、生命和国度之后，

旗帜流淌着血肉在海之绸和北极花朵之上；（花朵并不存在。）[1]

重回古老的英雄号角——它们还在攻击我们的心脏和头颅——远离从前的凶手——[2]

哦！旗帜流淌着血肉在海之绸和北极花朵之上；（花朵并不存在。）

甜蜜！

炭火，在夹霜的狂风中落下，——甜蜜！——钻石风雨中的火[3]，弃自我们那颗永远烧焦了的尘世的心。——哦，世界！——

---

* 此篇中音乐性结构特别突出，要表现什么已不重要，重要的是表现方式。红与白的主题交相出现：炭火与霜、火与钻石、炭火与水沫……根据第一句，A.亚当认为此篇可能写于去爪哇途中（即1876年），但也可能是诗人的想象，因为“花朵并不存在”。

1 让人想到一面红旗，兰波可能在去冰岛途中见过丹麦红底白十字的旗帜。

2 是关于大麻的记忆，参看《醉之晨》。

3 有研究者猜测“钻石风雨”来自对冰岛间歇泉的回忆。

（远离我们听闻和感知的古老隐退，古老火焰，）

炭火和水沫。音乐，深渊转向，星球上浮冰冲撞。

哦甜蜜，哦世界，哦音乐！而那边，身影、汗水、头发和眼睛，飘浮着。还有白色的泪水，正在沸腾，——哦甜蜜！——还有抵达火山底层和北极岩洞底部的女音。[1]

旗帜……

1 各种感觉的交混，塑造一个不依赖于外部世界而独立存在的生命体：蛮子。

倾　售*

出售犹太人没有出售过的[1]，高贵和罪恶没有体味过的，受诅咒的爱和大众地狱般的正直所不知晓的，无论时间还是科学都没有承认的；

那些重建的人声；汇聚所有合唱团和管弦乐的能量才得来博爱的觉醒和瞬间的实施；唯一的时机，给我们的感知松绑！

出售无价的肉身，不属于任何种族、任何世界、任何性别、任何后代！财富倾注于每一步！无限制倾售钻石！

向大众出售安那其；向高级爱好者出售无法抑制的畅意，向忠诚者和情侣出售残酷的死亡！[2]

---

* 这是一场对过去的清算：这个过去充满通灵与超人的野心，兰波要通过一次“倾售”，彻底与如今已显得毫无意义的一切决裂。有研究者从本文最后的“店员最后不会被连同卖掉”“游客没这么早就付佣金”看到了一个乐观主义的结局。

1 犹太人出售任何物品，故这里指出售无价的东西，还不为人知的东西，兰波为拥有这些东西而骄傲，参看《地狱一季·地狱之夜》里的“我比他们富足千倍”。

2 此处让人想到波德莱尔的《情侣之死》。安那其（L'anarchie），即无政府主义。

出售定居和迁徙、体育项目、仙境和完美的舒适家居[1]，以及这一切带来的喧哗、运动和未来！

出售算术应用和闻所未闻的和谐突变。无可置疑的发现和期限，即时的拥有。

无尽的疯狂冲动，向着不可见的光辉，向着不可感知的乐事[2]，——每种罪恶那摄人神魂的秘密——还有可怕的欢愉，出售给人群——

出售肉身、人声、无可争议的巨大富足，这从不出售的一切。店员最后不会被连同卖掉！游客没这么早就付佣金！

---

1 “舒适家居”（comforts）是兰波从英语借用的词，另见《灵光集·运动》：“体育运动和舒适家居（le sport et le comfort）跟着他们一起旅行”；《地狱一季·永别》：“我害怕冬天，因为那是安逸的季节（la saison du comfort）！”

2 这里用了三个否定词“无尽的”（infini）、“不可见的”（invisibles）、“不可感知的”（insensibles），来表现不可知的无名事物。

仙　境*

为了海伦，纯粹暗影中的装饰性液汁和星辰沉寂中冷漠的光亮在密谋。夏之炎热被逝去的情爱片段和沉降的芬芳无偿托付给喑哑的鸟，而所需的麻木托付给一条哀伤的小船。

——树木堆积下，激流喧哗声中伐木女工的气息，在此之后，是山谷中回荡的畜铃声，还有草原上的喊叫声。——

为了海伦的童年，毛皮和暗影微微颤动——还有穷人的胸，以及天空的传说。

---

* 标题是英语词“Fairy”，手稿中标题下原标有“I”。对此篇的阐释可谓众说纷纭：A.亚当认为它同《美之存在》一样，因一舞女而起；勒内维尔（Rolland de Renéville）认为海伦象征爱的力量；让古认为这指希腊诗歌消亡之后，嬗变为“天真之歌”而复兴；马图奇认为此篇中，海伦的美妙童年酷似兰波的童年；贝尔纳则认为兰波可能读过马拉美（Stéphane Mallarmé）1872年翻译的爱伦・坡（Allen Poe）的《致海伦》：“海伦，你的美对于我/就像古代尼西亚的帆船，/它从芬芳的大海驶过，/轻轻载着憔悴的旅人，/将他送回故乡的海岸。”马拉美1869年发表在《当代帕尔纳斯》上的《海洛底亚德》也可能影响了这篇诗的冷调。

而她绝妙的眼睛和舞蹈还映照于珍奇的光亮中，处于寒冷的作用之下，沉浸于唯一的布景和时辰之中。[1]

1 “珍奇的光亮”“寒冷的作用”，使人想起海洛底亚德“钻石般明澈的目光”（马拉美诗）。《灵光集》惯有的盎然生机在此篇中被高贵和冷漠所取代。

战　争[*]

还是一个孩子，某些天空就精炼了我的视力[1]：所有特征都辨别出我细微的表情。[2]万般现象激荡映照于此。——而今，时光永恒的转变和数学的无限将我四处驱赶，在这曾被奇异的童年和超常的爱所尊重的世间，我经受所有世俗的事功。[3]——我梦想一场战争，正义之战或力量之争，出乎意料地合乎逻辑。

此事简单如同一乐句。[4]

---

* 此篇是诗人对过去生活经历的一个小结，但或多或少已经过诗性的转换。手稿中标题左侧原标有“II”。

1 艺术洞察力来自童年时对天空的凝视。“视力”（optique）一词是科技用语，兰波特意用之。

2 此句看似与前句没多大联系，联系下文，可能是说：凝望天空的孩子，流云、风雨等现象均反映在他的面部表情上。

3 “数学的无限”可能指1875年10月兰波想过要考科学业士。“超常的爱”应指与魏尔伦的同居生活。“世俗的事功”，兰波从未经受过。

4 兰波回顾自己的一生，先是平静，而后曲折，为环境所重压，最后以冲锋结束，如一乐句般起伏而短促。

青　春*

一

星期天

演算退旁[1]，天空不可避免的坠落，还有回忆的造访和节奏的出场充斥这住所，这头颅和精神世界。

——一匹马从市郊赛马场奔逃，沿着耕作区和植树带，被碳瘟刺穿。[2]一个悲惨女伶，在世界某地，渴望着不大可能的遗弃。[3]亡命之徒在风暴、酒醉和受伤之后萎靡不

* 此篇第一部分似涉及学生时代；第二部分是对一个遥远或新近的过去的追忆；第三部分简述了诗人的感情生活和创作历程；第四部分可能是在阅读福楼拜（Gustave Flaubert）《圣安东尼的诱惑》之后写的：兰波着手做一件新的工作，克服古老的诱惑，直入通灵的境地。

1 “演算退旁”，以便让位于幻象。

2 “市郊赛马场”是英国特色，“碳瘟”指煤烟。

3 “悲惨女伶”可能指魏尔伦的妻子玛蒂尔德，魏尔伦在英国期间一直为遗弃妻子而不安。

振。[1]一些小孩沿着河边平息了诅咒。——

艰辛的劳作在大众中聚集并兴起，让我们在它的嘈杂声中再度学习。

二
商 籁

平常构造的**人**，肉身不正是果园里悬挂的果实[2]，——哦，童年的时日！身体可曾是任意挥霍的宝藏；——哦，爱恋，是灵魂的灾祸还是力量？大地上有丰饶的山坡盛产王子和艺术家，血统和种族把我们推向罪愆和哀伤：世界是你们的财富，你们的灾祸。但而今，这满负的苦工，——你，你的演算，——你，你的焦躁——徒留你们的舞蹈，你们的声音[3]，没有固定，不受限制，尽管是一个季节里发明与成功双重之举，——在友爱和审慎的人性中，遍及没有形象的宇宙；——力量和正义反照着仅在此时被珍视的

1 原文"desperado"是西班牙语，原意为"绝望"，19世纪进入英语，常见于新闻和小说，意为"无所畏惧的人"或"亡命之徒"。

2 魏尔伦有一首十四行诗的首句是："肉身！哦，此处园子里唯一被啃过的果。"

3 此处人称由"你"变成"你们"，应指兰波和魏尔伦，"舞蹈"（danse）更适于前者，"声音"（voix）更适于后者（此词在魏尔伦的诗歌中经常出现）。

舞蹈和声音。

三
二十岁[1]

有教益的声音遭到流放……身体的纯朴已可悲地消退……——缓慢地[2]——啊！少年时无尽的自私，勤勉的乐观主义：这个夏天花满人间！曲调和形式在死去……——合唱，是为了安抚无能和缺失！酒杯的合唱，小夜曲的旋律……因为神经很快就要拖来荡去。

四

你依然陷于安东尼的诱惑之中。热忱缩短了的嬉戏，稚气骄傲的习癖，消沉与恐惧。

但你将着手做这工作：所有和谐和建筑的可能性将围

1 此篇当写于1874年，兰波二十岁，少年的美好时光已消逝，而又无力向前迈进，无能（impuissance）和缺失（absence）使他陷于焦虑（angoisse）之中。

2 “缓慢地”（Adagio），原文为意大利语词，即音乐中的柔板、慢板，本意为“悠闲地”。

绕你的中心晃动。[1]一些出乎意料的完美事物将呈现在你的经验中。你的四周将梦幻般涌现古代人群和闲适奢华的珍奇。你的记忆和感觉将仅仅是创造性推动力的养分。[2]至于世界，当你走出来，它将成为什么？无论如何，当前的种种表象将荡然无存。

1 此句让我们看到音乐性结构（structure musicale）在兰波诗歌中的重要性。瓦雷里认为兰波发现了“和谐的不连贯”（l'incohérence harmonique）的力量。兰波搜寻着与主题相关的“和谐”事物，把它们汇聚在一起，以产生音乐般的效果。

2 首先是直觉，而后是围绕着直觉的记忆，并使之结晶（cristalliser），成为创作的养分。

海　岬*

金之晨曦和颤抖的夜在这座别墅及其附属建筑的对面找到我们的双桅大帆船，这些建筑形成一个跟伊庇鲁斯和伯罗奔尼撒半岛[1]，或日本岛，或阿拉伯半岛一样大的海岬！仪仗队列[2]的回返照亮了神殿，处于现代海防线的宽阔视线之中；温热花簇和酒神节装点着山丘；迦太基[3]大运河，某个可疑的威尼斯的那些堤岸大道[4]；埃特纳火山[5]懒洋洋地喷发，还有花之裂缝和冰川之水；德国杨树围绕的洗衣池；垂着日本树冠的奇特的山坡公园；斯卡博罗或布

---

* 兰波可能去过英国小城斯卡博罗（Scarborough，此篇中写作“Scarbro’”）。这座水城风景迷人，一片罗马式堡垒的废墟之上耸立着美丽的海岬。

1 伊庇鲁斯（l’Epire），巴尔干半岛的多山地区，位于今希腊西北部和阿尔巴尼亚南部；伯罗奔尼撒半岛（le Péloponnèse）位于希腊南部。

2 仪仗队列（théories），指古希腊时派往德尔斐神庙祈求神谕的城邦代表团。

3 迦太基（Carthage），腓尼基人建立的北非古国，后被罗马吞灭。

4 堤岸大道（embankments），即泰晤士河两岸的河堤，以1869年开通的艾伯特堤岸大道和1870年开通的维多利亚堤岸大道最为知名。

5 埃特纳火山（Etnas），意大利的活火山，位于西西里岛东岸。

鲁克林的“王室”或“高大”府邸的圆形拱门[1]；而铁路从两侧护卫、从底下穿凿、从上方悬垂于这座大旅店的布局设施，从意大利、美洲和亚洲史上最优美最庞大的建筑中精选而来，窗户和露台现在灯火通明，盛满酒水，凉风习习，向着旅行者和贵族的精神敞开——白天，他们允许跳各种海边的塔兰泰拉舞[2]，——甚至还有艺术卓越的谷地的间奏曲，来奇妙地装饰海岬宫的诸多墙面。

---

1 “王室”（Royal）和“高大”（Grand）当指斯卡博罗的王室酒店（Royal Hotel）和大酒店（Grand Hotel），这两家酒店今天还在；布鲁克林（Brooklyn），让人联想到美国纽约。

2 塔兰泰拉舞（tarentelle），一种意大利民间舞蹈。

场　景*

古老的喜剧追逐着和音，分隔了牧歌：

带露天舞台的林荫大道。

一头是长长的木堤[1]，另一头是碎石地，光秃秃的树下一群蛮子在变换队形。

在黑沙的走廊，跟随着提灯披叶的漫步者的脚步。

出演的鸟群猛扑一座砖石浮桥，浮桥被布满观众小艇的群岛缓缓推摇。[2]

舞台伴随着笛声和鼓点，倾斜在顶棚下布置妥当的破旧小屋里，四周是现代俱乐部客厅或古老东方的厅堂。

---

* 兰波在此篇中把戏剧和风景相混，童话般的奇妙图景出现了：我们分不清究竟是真实的风景变成了布景，还是舞台的布景变成了风景。在兰波眼里，世界是一出戏，而戏剧借助于想象力，向我们呈现另一个世界。

1 “堤”一词在原文中是英语词“Pier”。与《海滨》里的“堤”（jetée）一样，这里也把大海和乡村联结并交叠在一起。

2 “出演的鸟群”，兰波原先写的是“Des oiseaux comédiens”（喜剧之鸟），后改为“Des oiseaux des mystères”（神秘之鸟）。这里的“mystère”一词应理解为中世纪时的意思，即“représentation”（出演、上演），“出演的鸟群”即披着一身羽毛的喜剧演员。

仙境浮现于以矮树木为冠的圆形剧场顶上，——或在波俄提亚人[1]看来，它摇晃着、转调着，在农作物脊线上摇曳的乔木林的影子里。[2]

谐歌剧在我们的舞台上分成交叉的山脊，那是从围廊到火堆竖起的十道隔板。

---

1 波俄提亚人（Béotiens），居住在希腊半岛中部，因其语言和文化不同，被古希腊城邦视作未开化的野蛮人。

2 “农作物脊线”（l’arête des cultures）意思较隐晦，或与“在波俄提亚人看来”有关：是否栽种农作物是区分开化（cultivés）与未开化（non cultivés）的分界线。

历史性夜晚*

比如说，某个夜晚，有位天真的旅游者，从我们的经济惨状中退出，他大师的手激活了草地的羽管键琴；有人在水塘底玩牌[1]，水面如镜，召来诸多女王和可爱小姑娘的魂魄；日落之处，有圣女、面纱、和谐之子及传奇色彩。

当猎队和游牧部落经过，他打着寒战。喜剧滴水于草地上的露天舞台。还有穷人和病弱者的窘困，这愚蠢的场景！

出于奴隶的幻想，——德意志搭起脚手架要通向诸多月亮；鞑靼沙漠熠熠生辉——古老的暴动云集于天朝中部[2]；通过国王们的楼梯和座椅，——一个灰白平坦的小世界，非洲和西方，即将创建。随后是一曲已知大海和已知黑夜的芭蕾，毫无价值的化学，以及不可能的旋律。

---

* 此篇是《灵光集》中最能体现兰波诗歌特点的数篇之一，诗人把历史、宇宙、革命运动和自己的幻觉交混在一起。

1 比较《地狱一季·谵妄（二）》中："我清晰地看见……湖底下有间客厅。"

2 天朝（Céleste Empire），即中国。

无论这邮车把我们放在何地，都是一样的资产者戏法！最基本的物理学家感觉到已不能再屈服于这种个人环境，这种有形的愧疚之雾，此类观察已是一种痛苦。

不！——闷热的时辰，消退的大海，地下的大火，失踪的行星，还有彻底的毁灭，这类事情的确定性，《圣经》和诺恩女神[1]都几乎不曾恶毒地指出，这必将由那严肃的人来唤醒。——而这可不会是一个传说！

1 诺恩女神（Nornes），北欧神话中的三位命运女神，分别司掌过去、现在和未来。

波　顿*

现实对我博大的性格来说过于棘手，——然而在夫人家里，我曾发现自己是一只蓝灰的大鸟，向着天花板的线脚腾飞，在夜晚的暗影里拖着翅膀。

在承载她可爱的首饰和肉体杰作的大床帏盖脚下，我曾是一只紫色牙龈的巨熊，皮毛已愁得变白，两只眼睛有如水晶白银的托座。

一切成了暗影和燃烧的水族馆。早上，——好斗的六月晨曦，——我奔到田野里，像一头驴，宣扬并挥舞着我的不满，直到郊区的萨宾女人[1]来投身于我的胸前。

---

* 原先的题目是“Métamorphoses”（变形记），被兰波划去后，改为“Bottom”；这是莎士比亚剧作《仲夏夜之梦》中的人物，朱生豪先生译作“波顿”，他以织布为生，后被小精灵变成了驴。此篇可能是兰波对一次情爱的回忆，据传诗人在流浪途中曾得到米兰一位贵夫人的悉心照料。

1 萨宾人居住在古代意大利中部，罗马的东北部，这里的“萨宾女人”（Sabines）指一些大城市郊区的妓女。

H*

所有畸怪凶残都侵入了奥当丝难忍的姿势。她的孤独是色情的力学，她的慵倦，是情爱的原动力。在一个童年的监视之下，她曾是许多时代诸多种族热衷的健身术。她的门向苦难敞开。那儿，现存生物的道德观念在她的情欲和行动中解体。——哦，初爱那可怕的战栗，在流血的地面上，因为闪亮的氢![1]找到奥当丝。[2]

---

* 此诗以“找到奥当丝”结束，给我们留下了一个永恒的谜。诗中有些句子，如“诸多种族热衷的健身术”，似暗示奥当丝是妓女；而“她的孤独是色情的力学”一句似指自慰［埃蒂安布勒（Étiemble）、戈克莱尔（Yassu Gauclère）］；也有人认为指同性性爱（A.亚当）；魏尔伦的诗《唯此狂情方称爱》中有两句正与诗中“她的情欲和行动”一句应和：

为填满他俩心愿，彼此轮作

作无上之举，得完美之迷醉。

1 有人认为“流血的地面”指红地毯，“氢”指煤气的气味，“闪亮的氢”可能指煤气灯。

2 兰波究竟要找到什么？或许是一个字谜。在“Hortense”一词中，可以找到“Eros”（爱欲）一词，还可找到H、N、E、T，可以拼成英语词“then”（那么）。

运　动*

摇摆运动在河流骤降的陡坡之上，
艉柱下的旋涡，
斜坡之迅捷，
急速的巨大水流
通过闻所未闻的光芒
和化学的新奇
牵领着被山谷卷风和汹涌海流
围困的旅行者。

这就是世界的征服者
寻找着个人的化学财富；
体育运动和舒适家居跟着他们一起旅行；
他们将有关种族

---

* 此篇与《海滨》一样，以自由诗体写成，很可能是受了惠特曼诗歌法译本的影响。兰波歌颂新的时代和人类的进步，其中又带有嘲讽和蔑视。或许我们该从两方面来理解兰波所说的“运动”（mouvement）：一方面是科学的神奇发现，另一方面是原始时代和童话世界的回归。

阶级和兽类的教育，都带上这条大船。
休憩和晕眩
在洪水时代的光中，
在骇人的学习之夜。

因为从机器间的闲谈，——血；花、火、珍宝——
从这逃逸的甲板上焦躁的计算，
——可以看到，滚动就如一条航道外的堤坝，
光怪陆离，无尽地发光，——他们的学问存储；
他们被驱逐到和谐的迷醉
和大发现的英雄主义中。

在最惊心的意外气氛中，
一对年轻人在方舟上远离人群，
——可否原谅远古的孤僻？——
在唱歌，在守望。

虔　祷*

致我姐妹路易丝·瓦娜恩·德·沃林海姆[1]：——她蓝色的修女帽转向北海。——为了那些海难者。

——致我姐妹莱奥妮·奥布瓦·德·阿什比[2]。巴乌[3]——夏天嗡嗡作响发臭的草地。——为了母亲和孩子的热病。

---

* 此篇被认为是《灵光集》中最神秘的诗之一。谜一般的人物让我们联想到那些不可能的人与事。"冰川高耸的西尔塞多"让人想起极地之夜。反文化和反宗教的主题在诗中非常明显。因其完美之隐晦呈现的出奇魅力，布勒东特别喜欢此篇。

1 兰波在1872年至1873年间数次流浪在比利时。沃林海姆（Voringhem）可能是一个弗拉芒地名，瓦娜恩（Vanaen）也似是弗拉芒的名字，那么这位姐妹是比利时修女吗（既然她戴修女帽）？也有研究者认为"Voringhem"可能是"Vöhringen"，德国符腾堡州的一个村名，1875年兰波曾在符腾堡州的州府斯图加特居住。

2 阿什比（Ashby）是一个英国地名，而莱奥妮（Léonie）又似法国女名，奥布瓦（Aubois）也似法国姓氏。这位来自阿什比的莱奥妮·奥布瓦，与上一段中来自沃林海姆的路易丝·瓦娜恩一样是个可疑的人物，兰波给她们取了形似贵族的姓氏，是借用虚构人物来指涉什么呢？

3 巴乌（Baou），来自马来语"Bau"，意即"发出臭味"。兰波曾于1876年夏随荷兰殖民军抵达巴达维亚（今雅加达）。后一句"夏天嗡嗡作响发臭的草地"，可参看《最高塔之歌》："凶残的嗡鸣声/是成百的脏苍蝇。"

致卢卢，——魔鬼——他保留了“众女友”时代去参加祈祷会接受不完整教育的兴趣。[1]为了男人们！致某某夫人。[2]

致曾经年少的我。致这位神圣老人，隐修或传道。

致穷人的精神。并致一位高阶教士。

也致所有的祭礼，就在记忆中祭拜的地方，在它唤起的诸类事件之中，遵循那时的渴望或我们自身严肃的罪。

今夜致冰川高耸的西尔塞多[3]，肥胖如鱼，体色如红夜的十个月——（它那琥珀和火绒的心），——为了我唯一一次默祷，它缄默如这夜的领域，而后是比极地的混沌更猛烈的勇气。

不惜一切代价并同一切天空，即便在玄想的旅行中[4]，——然而*昔时*已不再。[5]

---

1 “众女友”（Amies），原文大写，兰波或许是想起了魏尔伦出版于1868年的同名诗集《女友》（*Les Amies*）。《地狱一季》中多次出现“魔鬼”，多影射魏尔伦。

2 此位夫人是《洪水过后》里的“某某夫人”吗？或是《波顿》里的“夫人”？

3 西尔塞多（Circeto）是指一个女人吗？也可能是一个地名。

4 “玄想的旅行”（voyages métaphysiques）是一种在不可知中的畅游，波德莱尔有诗云：

> 直入深渊之底，管他天堂或地狱，
> 到不可知之底，去寻找新奇。

5 “昔时”（alors）原文为斜体，此处可能暗指与魏尔伦一起的浪游，也可能指诗人过往的生活，“致曾经年少的我”。

民　主*

"旗帜将插向污秽的风景，而我们的行话扑灭鼓声。[1]

"在各个中心我们将养活最厚颜无耻的淫业。我们将屠杀合情合理的反抗。[2]

"在洒满胡椒水的国度！[3]——服务于最庞大的工业或军事开发。

"就此别过吧，无论何地。心怀诚意的新兵，我们将拥有残暴的人生哲学；对科学一无所知，为安逸不择手段；爆裂吧，给这个世界送终。这是真正的进军。前进，开路！"

---

* 此篇可能写于1876年的亚洲之行之后。兰波从未放弃人类自由与博爱的思想，对西方"民主"的痛恨在此篇中以嘲讽的口吻表露无遗。

1 "行话"（patois）在这里指殖民者的语言。"鼓声"在兰波诗歌中一般象征着一切异国音乐或东方音乐，如《场景》中"舞台伴随着笛声和鼓点"，再如《地狱一季·坏血》中"喊声，鼓声，舞，舞，舞，舞！"

2 各个中心（centres）指各个殖民据点，或指被占据的城市中心。

3 "洒满胡椒水的国度"似指出产胡椒的爪哇岛的气候。

神　灵*

他就是情爱和现时，既然他让房屋向水沫的冬天和夏日的喧哗敞开，他还净化了酒和食物，他就是那些地点流逝时呈现的魅力和诸多栖所那超凡的快意。[1] 他就是情爱与未来，力量和爱，站立于狂怒和忧烦中，我们看见它们流经风暴的天空和迷醉的旗帜。[2]

他就是爱，重新发明的完美尺度，出乎意料的奇妙的理；他就是永恒：被爱的机体，来自命定的资质。我们曾惊恐于他和我们自身的特许：哦，我们的健康带来的欢愉，

---

* 手稿中标题下原标有“Ⅲ”。通灵人以弥赛亚一般的语调，试图给世界带来新的福音。兰波如此狂热地歌颂的神灵（Génie），是一位新时代的神，它是“情爱与未来，力量和爱”，是“重新发明的完美尺度，出乎意料的奇妙的理”；一个真正的“现代”将要来临，再也没有“种种迷信，陈旧的肉身，婚姻，年龄”，因为“这个时代业已沉沦”。兰波这种“时代进步论”（参看《致一理式》）显然受了米什莱的影响，但诗人以象征手法唤来了一位神灵，其形其魂充塞宇宙。

1 米什莱《论女人》云：“女人使一切屈从，女人酿就了四季”；“气候，时日，季节，皆以女人的方式歌唱”；“女人的上帝，是爱，但若这种爱不是对所有人的爱，就不是爱。”

2 “风暴的天空和迷醉的旗帜”，兰波可能想起了巴黎公社。

我们的官能的躁动，自私的情爱和因他而起的激情，他，以他无尽的生命爱着我们……

我们召唤他，而他远行在外……而如果崇拜远离，鸣响，他的允诺[1]就鸣响："退去吧，这种种迷信，陈旧的肉身，婚姻，年龄。这个时代业已沉沦！"

他不会远离，他不会降自天空，他不会为女人的愤怒、男人的快乐，以及此类罪恶完成赎罪：因为事已如此，他还是他，并被深爱着。

哦，他的呼吸，他诸多的头颅，他的奔跑；形式与行动之完美，及其骇人的迅捷。

哦，精神之繁殖及宇宙之寥廓！

他的肉身！完美的形蜕，恩泽的破碎交叠着新的暴力。

他的视线，他的视线！所有古老的膜拜和他身后掀起的苦痛。

他的光亮！消除所有响亮而游移的痛苦，在更强劲的音乐中。[2]

---

1 《灵光集》中，"允诺"（promesse）总是与纯粹的爱（"重新发明的完美尺度"）有关，可参看《寓言》中："他的表情和举止流露出的允诺带着万千种复杂的情爱！"以及《醉之晨》中："我们得允诺要把善恶树埋葬在阴影里，放逐暴虐的诚实，以便带给我们极其纯粹的爱。"

2 兰波常以"音乐"这一具象来表现抽象的"和谐"。

他的步伐！那比从前的入侵更庞大的迁徙。

哦，他与我们！那骄傲比已失去的仁慈更为宽厚。[1]

哦，世界！还有那新的不幸清脆的歌声。

他认得我们所有人，他爱我们所有人。让我们懂得，这个冬夜，从海岬到海岬，从喧闹的极地到城堡，从人群到海滩，从目光到目光，体力疲乏，情感慵倦，——懂得去呼唤他，去看到他，再送走他，并在潮汐之下雪原高处，去紧随他的视线，他的呼吸，他的肉身，他的光亮。

1 骄傲的新人类宁要新的不幸，他将远离基督教式的仁慈所造成的悲惨境地。

最后的诗行

兰波在海平面下（德拉艾 绘）

泪[*]

远离了飞鸟，畜群，村姑，
我蹲在石楠丛中畅饮，
周遭是温柔的榛树林，
飘着午后温热的苍雾。

这年轻的瓦兹河能让我喝到什么，[1]
榆树无声，草地无花，天空沉闷。
从芋形葫芦里我能汲取些什么？[2]
某种金汁淡而无味，让人热汗涔涔。[3]

---

* 这首诗在《地狱一季·谵妄（二）》里有另一个版本。

1 瓦兹河（Oise），流经罗什（兰波母亲的出生地，《地狱一季》在此完成）附近的一条河。从词源学上，这个词有“流水”之意。

2 芋形葫芦，可能是指花朵有着漏斗的形状。“芋”（colocase）借自维吉尔（Virgil）《牧歌集》第四首中的“colocasia”，兰波可能是因其音色而选用了这个词。

3 淡而无味的金汁，应指啤酒。“金”在诗尾再次出现，“垂钓黄金或贝壳的渔人”，这是兰波式的风景幻化（transformation hallucinatoire），使亚登有了异国情调。

就这样，我成了小客栈的破招牌。
而后风暴席卷天空，直到傍晚。
那是一片黑沉沉的天地，湖水，长杆，
根根廊柱在蓝色夜里，还有车站。

林间溪水消失在纯净的沙滩上，
风从天而降，将阵阵冰雹投进水塘……
然而，就像一位垂钓黄金或贝壳的渔人，
说道：我可不为饮水而忧愁！[1]

1872年5月

1 《地狱一季·谵妄（二）》里，兰波将这首诗的第二句改成了“我喝什么”，最后一句则改成了：“泪流不止，我看见黄金——却不能一饮。——”这里显然有着某种象征意味：“通灵人”对于不可知的渴求与探究、执着与放弃，本以为可以成功，结果遭受挫败。

卡锡河[*]

卡锡河默默地流
　　流经奇异的山谷：
千百乌鸦鸣声相伴
　　真切善益天使之音：[1]
随着杉林剧烈震荡
　　狂风阵阵翻卷而来。

万物奔流，带着古老乡野
　　令人反感的奥秘；[2]

---

* 这首诗跟前一首一样，让人联想到兰波漫步在亚登地区。卡锡河（Cassis）应指瑟莫瓦河（Semoye），这条河位于夏尔维勒北面，注入默兹河（Meuse），河水极深，黄昏时河面呈黑紫色，故兰波用黑醋栗（cassis）来命名。

1 兰波像是想起了以前写的韵律诗《乌鸦》，“那就成为天职之叫嚷者，/ 哦，我们黑色的丧鸟！”而在本诗里，乌鸦的叫声如“天使之音”，后文还出现一句“亲爱的乌鸦美妙绝伦”。

2 兰波一向厌恶法国的乡下，就像他仇恨封建时代，“令人反感的奥秘”来自“乡野”，也来自下句的“堡塔”和“公园”。

堡塔受访，公园显要：

　　正是在这两岸人们听到

流浪骑士死灭的激情：

　　唯有河风有益身心。

愿步行者得见这些围栏：[1]

　　他定将勇气倍添。

森林卫士由上主差遣，

　　亲爱的乌鸦美妙绝伦！

让狡猾的农民逃离此地

　　举杯相碰是衰老的残肢。

1872年5月

1　兰波在《灵光集·童年》中写道："我是步行者……""围栏"（claire-voies）应是指许多树木组成的视像，而不是建筑物外面的围墙，因为接下来诗人就要说到请"森林卫士"乌鸦赶走农民。

渴之喜剧*

一　祖辈

我等是你的祖辈。

　　祖辈！[1]

身披月亮和绿茵的

冰冷汗水。

我们的干葡萄酒里有颗心！

白日昭昭

人生何为？畅饮。

我：死于野蛮的河流。

---

* 这首诗的个人色彩和自传性暗示都比较清楚：祖辈们劝他喝规规矩矩的饮料、过资产者的生活，巴黎的朋友们劝他喝苦艾酒，而诗人的渴意无法满足。那是精神层面的渴，对历险的渴望，对不可知的渴求。

1 “祖辈”暗指兰波的母亲维塔莉·屈夫（Vitalie Cuif）的父母，他们是亚登地区的地主。

我等是你的祖辈
　　田间的祖辈。
水在柳树深处：
看沟里的流水
围绕潮湿的城堡。
下到我们的地窖；
而后，便是果酒和奶。

我：走去母牛饮水之地。

我等是你的祖辈；
　　过来，
去橱柜里取些喝的；
茶，咖啡，多稀奇，
颤动在壶里。[1]
——看这般景象，这繁花。
我们自墓地归来。

---

1 葡萄酒、果酒、奶、茶、咖啡，这些是祖辈们提供的所谓好饮料，都无法给诗人解渴，诗人要去“野蛮的河流”、去“母牛饮水之地”，喝本源的水。

我：啊！汲干所有的瓮！[1]

二　精神

永恒的水精[2]
　分开了细流。
维纳斯，蓝天的姐妹，
　扬起了清波。[3]

挪威流浪的犹太人，[4]
　跟我说说风雪。
往昔亲爱的流亡者，
　跟我说说大海。

---

1 “瓮”（les urnes）在这里是双关语，字面上可理解为“水瓮”，但应与上句的“墓地”联系起来，作“骨灰瓮”（urne funéraire）。这句诗是对祖辈提供的布尔乔亚式生活方式做出兰波式的反抗。

2 水精（Ondine），日耳曼神话中的水中仙子，这里用了复数“Ondines”。

3 扬起的清波是邀请维纳斯从水中出来。

4 流浪的犹太人（Juif errant）是中世纪一个传说中的人物，据传他无法失去生命，因为他失去了死亡，于是只能在全世界流浪，时而出现在某地。兰波在这里用了复数“Juifs errants”。

我：不，不要这些纯净的酒水，
　　这些装点杯盏的水花；
　　无论传奇还是容颜
　　　都滋润不了我的心田；

　　歌者啊，你的教女
　　　才是我这般疯狂的渴念
　　内心无嘴的七头蛇[1]
　　　翻腾跳跃折磨我。

三　朋友[2]

来吧，琼浆玉液涌向沙滩，
激起波涛万千！
看这野性的苦酒[3]

1　七头蛇（Hydre）是古希腊神话中的多头蛇怪，为赫拉克勒斯所杀。从词源来说，这是一种生活在水中的动物，而"无嘴的七头蛇"是指内心对不可知、对自由的渴意。

2　这里的朋友应当是指兰波在巴黎认识的魏尔伦、克罗（Charles Cros，1842—1888年）、福兰（Jean-Louis Forain，1852—1931年）等人。他们经常在咖啡馆里度过大把的时光，这一节诗描写的就是朋友们饮酒时幻想的风景。

3　苦酒（Bitter）是这帮朋友经常喝的一种开胃酒。据福兰记述，兰波和他经常带着这种酒到魏尔伦的办公室大门外，一边喝一边等他下班。

自高山滚滚而来！

喝啊，贤明的朝圣者，
苦艾酒喷涌如绿柱……

我：此景已不再。
何以为醉，朋友？

我多想，我宁愿，
在水塘里腐烂，
在可怕的油脂下，
近旁有树木摇荡。

四　可怜的梦

也许某个夜晚在等我
等我安安静静独饮
在某个古老的小城[1]，

1　古老的小城，兰波在《醉舟》也梦想过："我怀念古老墙垣的欧洲。"在这段混乱的生活时期，诗人渴望着精神与肉体上的安宁。

死也死得欢欣：
因我是个病人！

若我的病痛持续[1]
若我拥有一点黄金[2]
我该选择北方
还是葡萄园的国度？……[3]
——啊，梦想是可耻的。

因为这是纯粹的丧失！
而如果我重蹈
从前浪子的生涯
绿色的小客栈[4]
不再为我敞开。

---

1 这里的病痛（mal），到底是在暗示什么？是贫苦，还是对不可知的渴意，或者是在巴黎公社营地里遭受同性侵犯行为的巨大痛苦？

2 兰波的母亲把钱管得很严，据他1871年写给魏尔伦的信中说："她每周给我十个生丁用以支付在教堂的席位。"

3 "葡萄园的国度"指南方，与"挪威流浪的犹太人"的风雪北方相对。

4 兰波曾在1870年的《绿色的小酒馆》（*Au Cabaret-Vert*）一诗中写过夏尔罗瓦（Charleroi）的"绿色的小酒馆"（le cabaret-vert），一次长途流浪之后，他在那里暂时休息。"绿色"在《元音》一诗中意味着平静安详。

五　结语

鸽群在草场上颤动，

猎物奔跑，凝视黑夜，

水中的兽，家养的畜，

最后的蝴蝶！……也都渴了。

但愿融入这飘荡的流云，

——哦！领受清新世界！

死于湿润的紫堇丛中

曙光可会照临这森林？[1]

1872年5月

1　兰波在这节诗表达了在清晨树林中自我消亡的愿望。“湿润的紫堇丛”，让人联想到树林在晨光中的色调与清新，来自诗人对亚登地区自然景物的记忆，另可参照《灵光集》中的诗句：“在萌发新芽的紫色乔木林里”（《洪水过后》）、“紫色阴影笼罩潮湿的路面”（《车辙》）。

晨思*

清晨四点钟，夏季，
爱之困意还在延续。
黎明在树丛中蒸发着
　　寻欢之夜的气息。

然而，那边广阔的工地上
朝着赫斯珀里得斯[1]的太阳，
木工们卷起袖子
　　已经开工了。

在他们泡沫般的沙漠里，

* 这首诗应是在巴黎所写，至少让人联想起巴黎的早晨。兰波在《地狱一季・谵妄（二）》中引用了这首诗，略有改动，当时他正被“过时的文学”所吸引，用韵非常自由，八音节诗句很不规范。

1 赫斯珀里得斯（Hespérides），希腊神话中守护西方尽头金苹果圣园的三位仙女姐妹，故也被称作“日落之处的仙女”，兰波用在早晨略显奇怪，这里当理解为诗人将太阳暗喻为金苹果。

默默打制精美的护壁板
护壁板上，城市的珍宝
　　将在虚假天空下大笑[1]。

啊！为了这些可爱的工人
巴比伦国王的臣民，
维纳斯！暂且放开这些恋人，
　　他们的灵魂戴着花冠。

　　哦，牧羊人的女王！[2]
　给工人送来烈酒吧，
　好让他们的力量平息
等待正午到海里沐浴[3]。

1872年5月

1 “虚假天空”应是指华丽的天花板，兰波在《地狱一季·谵妄（二）》里将这句改作“城市将漆绘虚假的天空”。

2 如果说上一节诗中“维纳斯”的呼语清晰明确，这里“牧羊人的女王”的呼语则含混不清，可能暗指圣母马利亚。而下句“烈酒”（l’eau-de-vie）的字面意思是“生命之水”，让人想起福音书里的表达方式，形成双关语。

3 这里可能是兰波的一个“戏言”：“到海里”（dans la mer）可能是“到苦涩里”（dans l’amer），指加了苦橙皮的柑香酒。

耐心之节日

五月的旗帜

在椴树明亮的枝头
病恹恹的号角渐渐寂灭。
然而灵性的歌
飞舞在醋栗树间。
愿我们的血在经脉里欢笑，
葡萄树枝在这里缠绕。
天空美得像天使，
蓝天与波涛辉映。

我走出门。若一道光将我射伤
我就死在苍苔上。[1]

我们忍耐，我们烦恼
都太简单。我的痛苦算得了什么。
但愿悲剧性的夏天[2]
将我绑上它幸运的彩车。
让我穿越你千山万水，哦，大自然，
——啊，少些孤单少些虚无！——当我死时。
不做牧羊人[3]，这真好笑，
他们渐渐死去，世间处处皆是。

我愿季节轮回将我消磨殆尽。
回到大自然你的怀里；
我的饥饿，我的干渴。

---

1 在这番恢宏美景中死去，流露出诗人苦楚的情绪、对自我的弃绝，以及对虚无的渴念。之前的诗中也有这种流露。

2 与前面春天的清新相对，夏天将带来痛苦和渴意，诗人这次自愿将自己交出去，参见《地狱一季·谵妄（二）》中“双目紧闭，将自己交付给太阳，火之神”。

3 这里的“牧羊人”（Bergers）似指恋人们，兰波试图“少些孤单”，并非借助爱情，而是回归大自然。“牧羊人”在世间各处死去，正是这个“世间”（le monde）迫使兰波与魏尔伦分开，回到故乡夏尔维勒。

请你喂养，请你浇灌。

再没有什么让我抱有幻想；

朝亲人大笑，朝太阳大笑，[1]

但我对什么都笑不出来；

愿这份不幸自由自在。

1872年5月

最高塔之歌

青春虽不羁

却受尽牵制，

细微又轻巧

失却我生命。[2]

啊！愿时光重来

好心心相印。

我自思量：放下，

1 是所谓的“亲人”将兰波与魏尔伦分开，而太阳的光将“我”射伤。这里让人联想到诗人的不幸，但至少痛苦和孤独是自由的。

2 德拉艾指出，为了让魏尔伦夫妇重归于好，兰波回到了故乡夏尔维勒，这损害了他的文学生涯。

便无人见你身影：
也不要去许诺
那无上的欢情。
什么也不能阻挡，
你庄严的退隐。

我曾如此耐心
而今彻底忘却；[1]
忧愁和痛苦
飞去云霄外。
而污秽的渴意
染黑我的血脉。

有如那草场
交付给遗忘，
延展，开花
有乳香和黑麦草
凶残的嗡鸣声

---

1 这里的“忘却”让诗人联想到“草场”，可能此时这片草场就在他眼前。草场散发着芳香，并准备被收割，但因出现“黑麦草”和“脏苍蝇”而变得阴暗和讨厌。

是成百的脏苍蝇。

啊！千百次鳏居[1]
如此可怜的灵魂
它只存一个形象
是我们的圣母！[2]
可有人祈福
向圣女马利亚？[3]

青春虽不羁
却受尽牵制，
细微又轻巧
失却我生命。
啊！愿时光重来
好心心相印。

1872年5月

---

1 兰波是否自认为是魏尔伦的“鳏夫”（veuf）？从词源上说，这个词的意思是“私有的”。

2 对兰波来说，宗教上的慰藉只是一种无力的救助。

3 德拉艾指出，兰波在这里再现了魏尔伦的诗句“大海为谁祈福/向圣女马利亚”，甚至节奏都一样，或许是有意回应一下他的朋友。

永　恒

她又找到了。
什么？——永恒。
这就是大海
与太阳同行。[1]

灵魂的哨兵，
低声吐实情
黑夜多虚无
白昼如烈火。

众人的赞誉，
普遍的激奋
你从此舍弃
超脱于凡尘。

1　贝尔纳引J.-P. 里夏尔（J.-P. Richard）的观点，认为“同行”（allée）比《地狱一季·谵妄（二）》里用的“融于”（mêlée）更好：大海是水，太阳是火；二者同时被推向另一个时空、另一个新的本质，合一而又交混成“火之水”，这是发生在诗人内心世界里的奇观。

只有从你自身，
锦缎般的火炭，
才会散发大业[1]
都无须说：终于。

本没有希望，
也没有新生。[2]
科学与耐心，
苦刑当确定。[3]

她又找到了。
什么？——永恒。
这就是大海
与太阳同行。

1872年5月

---

1 诗人将“devoir”（义务、责任、职责）大写为“Devoir”，故此处译作“大业”。兰波在这里想表达一种拥抱今天、活在瞬间的欢乐？抑或不再抱有人间希望而追求一种绝望的感官快乐？

2 “希望”可以理解为人间希望或宗教希望，而“新生”则显然暗示宗教。

3 兰波并不是判决“科学与耐心”为“苦刑”；他找到了科学，还有来自“锦缎般的火炭”（自身）的大业——在光中燃尽，他欣然接受这苦刑。我们不要忘了四首诗的总题为“耐心之节日”，耐心（patience）或可取其强烈意味：兰波忍受着，像一个病人（patient）。

黄金时代[1]

众音中有个声音
总像天使唱吟
——这关系到我，——
严厉地[2]表明：

这千百个问题
又分条条细枝
最终只能导致，
狂醉疯癫不已；[3]

识得此种把戏
如此欢快又轻松：[4]

---

1 这首的日期比前三首稍晚些：1872年6月。应是在魏尔伦恳求之下回到巴黎后所作。诗中有些诗节重复出现，又有多个声音出现，就像一支多声部的歌。

2 “严厉地”（vertement），与下一节诗有关：这千百个问题，又不断细分，最后导致狂醉与疯癫，又有何益处？这里用的是斥责的调子。

3 兰波在《地狱一季·谵妄（二）》开篇写道：“该我了。且听我种种疯狂故事中的一个。”这首诗似乎与他想要彻底或暂时放弃“通灵”相吻合。

4 此句与晦暗的问题和痛苦的追求相对，在诗中反复出现了三次，形成歌一般的回旋。

只有波涛，只有花草，
你的家正是这里！[1]

而后她歌唱了。哦
如此欢快又轻松，
裸眼都能看见……[2]
——我跟着她同唱，——

识得此种把戏
如此欢快又轻松，
只有波涛，只有花草，
你的家正是这里！……

随后一个声音
——它真像天使唱吟！——
这关系到我，
严厉地表明；

1 贝尔纳认为，“波涛”和“花草”可能是暗指帕尔纳斯派诗歌，“你的家”则指帕尔纳斯诗人群，兰波显然不想再走他们那样的诗歌道路。

2 原文“visible à l’œil nu”是日常对话中对“显而易见”的通俗说法，韵脚和节奏都是错的，兰波故意这样用，以嘲弄他的朋友们用词俗套。

这时开始了歌唱
有如姊妹的气息：
用德意志的音调，[1]
然而热烈又丰盈：

世界是邪恶的；
是否吓你一跳！
活下去，于烈火中
投进晦暗的不幸。

哦！美丽的城堡！[2]
你的生命多么明净！
你来自哪个年代，
我们的兄长
你有高贵的本性！……

---

1 贝尔纳认为，这可能是某种暗示：魏尔伦经常嘲笑兰波的亚登口音和拖长的声调，也或许他那些朋友中的某个人带有德国口音。

2 兰波的“城堡”意涵丰富。他还写了一首《哦季节，哦城堡》，有人认为应理解为“灵魂的城堡”，含有神秘主义的意味；但贝尔纳觉得“城堡”在这里更像是唤起封建领主的年代。后面的“兄长”则指兰波自己，有个声音在对他说话，说他有着“高贵的本性”（nature princière），但意思并不明晰：兰波是在自嘲吗？《地狱一季》中，他总是把自己看作一个“乡巴佬”（manant）。

而我，我也在歌唱：

众多的姊妹！声音

一点也不喧哗！

环绕着我吧

用羞怯的荣光……

1872年6月

新婚伉俪*

房间朝着深蓝的天空敞开；
没有空地：一些木匣子和大箱子！
墙外开满了马兜铃花
花间有些小精灵磨着牙床。

这正是精灵们耍的诡计
这份花销，这些徒劳的骚动！
是非洲的仙女提供了桑果，
还有角落里的蜘蛛网。[1]

进来了几个不满的教母，
拖着光亮的裙摆走进了碗橱，

---

* 这首诗被认为是暗指魏尔伦和兰波这一对“奇怪的伉俪”（见《地狱一季·谵妄（一）》），写作日期是1872年6月27日。此时，魏尔伦将兰波安顿在维克多-库森街的一个房间里。这首诗可能暗指这个房间，或者之前王子先生街的那个房间，在那里可以更好地看到“深蓝的天空”（ciel bleu-turquin）。

1 让古认为，兰波可能是想起了米什莱关于“女巫”的记述。

然后留在了那里！新人缺席
并不打紧，因为还什么都没准备。

新郎在缺席之时被风
欺骗，在此地，每时每刻。
甚至水中干坏事的精灵
也进来游荡在床笫之间。[1]

夜晚，哦女友！如蜜的月
会采摘他们的微笑，并用
上千条铜头带填满天空。
而后他们将跟恶鼠打交道。

——但愿不出现惨白的鬼火，
晚祷之后，如同一声枪响。
——哦，伯利恒白色的神圣幽灵，
颇为蛊惑他们的窗子的蓝色！[2]

1872年6月27日

1 新郎既是空气之精灵（风），又是水之精灵的玩偶。

2 注意这里颜色的调配：白色的幽灵，蓝色的天空。“伯利恒白色的神圣幽灵”指涉什么？是魏尔伦的天主教神秘主义倾向吗？

布鲁塞尔*

七月　　　　　　　　　　摄政王大街

鸡冠花坛一直延伸到
舒适的朱庇特宫殿[1]。
——我知道是**你**[2]，在这些地方，
几乎将你的**蓝色**与撒哈拉相混！

而后，既然玫瑰和阳光中的枞树

---

* 这首诗从手稿上看似乎没有标题，只有诗前标明了月份与地点。（许多研究者将“布鲁塞尔”视作这首诗的标题，但本书依然保留手稿中的抬头写法。）虽没注明年份，但应该是1872年7月。这段时间，魏尔伦和兰波经布鲁塞尔的摄政王大街前往伦敦，满心欢欣去发现“自由之自由”（liberté libre）。

1 朱庇特宫殿可能指有廊柱的学院宫（Palais des Académies），而鸡冠花坛应指布鲁塞尔公园，坐落于杜卡尔街的街角。

2 这个首字母大写的“你”（Toi）或许指朱庇特，抑或是指《元音》一诗中“O，蓝色”所唤起的“存在”（l'Être）？下一行中大写的“蓝色”（Bleu）也应是有意为之。

还有藤蔓在这里有它们的封闭游戏，
小寡妇[1]的笼子！……
　　　　　　　怎样的
鸟群，哦，咿啊咿喔，咿啊咿喔！……

——宁静的房屋，昔日的激情！
那个因情爱而疯的女人的凉亭。
经过玫瑰花丛的柔韧枝条之后，
是朱丽叶的低矮阳台，暗影重重。

——朱丽叶，让人想起昂丽埃特[2]，
那是迷人的火车站，
在一座山的中央，如一个果园深处
成千的蓝色魔鬼在空气中跳舞！[3]

---

1 在《地狱一季·谵妄（一）》中，兰波让那个“痴愚童女”（魏尔伦）说道：“我是寡妇。”下一节诗中，“因情爱而疯的女人”也应该是指魏尔伦，他曾在一首诗中写过“因爱而疯”。

2 科恩（Robert Greer Cohn）认为朱丽叶和昂丽埃特让人想起莎士比亚剧作《罗密欧与朱丽叶》和莫里哀（Molière）剧作《女学究》，这首诗最后一节中“一切悲剧和一切喜剧”，似乎也暗示了这一点；但下一句又说昂丽埃特是一个火车站的名字，贝尔纳对此考据无果。

3 “蓝色魔鬼”（diables bleus）让人联想到英语中的“blue devils”（梦魇），今指忧郁。

绿色长凳上向着暴风雨的天国[1]歌唱，
弹着吉他，是白色的爱尔兰女子。
然后，从圭亚那餐厅里传来
孩子们和诸多笼子的喋喋不休。

公爵的窗户让我想到
蜗牛和黄杨木的毒药
就睡在这儿的太阳底下。
　　　　　　　　　　　而后
太美了！太！保持我们的沉默。

——没有人流也没有商贸的大街，
悄然无声，一切悲剧和一切喜剧，
交汇成无穷无尽的场景，
我认得你，寂静中欣赏着你。[2]

1　参见《灵光集》中《城市（就是这些城市……）》："暴风雨的天国坍塌。"

2　兰波梦想着写一些关于城市的诗，当他看到这条寂静的大街之时，他或许已经想象过这番"无穷无尽的场景"。

〈她可是阿尔媚?〉*

她可是阿尔媚？……最初的蓝色时辰[1]
她可会像火焰之花一样凋零……
面对铺展开的一片辉煌，人们
呼吸着满城花开的阵阵香风！

太美了！太美了！[2]但这是必需的
——为了渔家女和海盗之歌，
也因了最后的假面[3]依然相信
纯净的海面上有夜的庆典！

1872年7月

* 这首诗没有标题。本诗应是对海上旅行的回忆，“渔家女和海盗之歌”也让人想起大海。但这个“她”是谁？阿尔媚（almée），转音自阿拉伯语 عالم，在19世纪指古代埃及的高级舞女、歌女或乐手。

1 “蓝色时辰”指日出，天空呈现蓝色，与“夜的庆典”相对。

2 “太美了！”在本诗的前一首诗中也出现过。

3 “最后的假面”让人联想到化装舞会持续了一夜，直到清晨才结束。

饥饿之节日*

　　我的饥饿，安娜，安娜，
　　骑你的驴逃吧。[1]

若我有**胃口**，只想吃
泥土和石头。
叮！叮！叮！叮！我们来吃空气，
吃岩石，煤，铁。

我的饥饿，转过身吧！嚼吧，饥饿，
　　这麸糠的草地！

---

* 这首诗应是在伦敦时所作。一方面，兰波和魏尔伦在伦敦时并不是总有东西吃，饥饿和生活的艰辛总是缠绕着这对好友；另一方面，兰波对伦敦的工业景致印象深刻，煤和铁统御着这座城市，让他向往春天和植物的世界。

1 贝尔纳称，这显然来自对佩罗（Charles Perrault，1628—1703年）的童话故事的阅读记忆："安娜，我的姐妹安娜……"但或许兰波想起了拉封丹（La Fontaine，1621—1695年）的《磨坊主的儿子和驴子》：当"尼古拉去看让娜"，他"骑上他的驴子"。

从牵牛花丛中
　　吮吸快乐的毒汁；

来吃
一个穷人打碎的石子，
教堂古老的石块，
鹅卵石，洪水之子，[1]
睡在灰色山谷里的面包！

我的饥饿，是团团黑空气；
　　蓝天则是敲钟人
——是我的胃将我牵来牵去。
　　这就是不幸。[2]

大地上一度绿叶丛丛：
我想要熟透的鲜果。
在沟畦间我采摘
甜蜜的野苣和凶猛的堇菜。

1　奥维德在《变形记》里讲述过普罗米修斯的儿子丢卡利翁（Deucalion）的传说，其中丢卡利翁扔出的石头变成了人。

2　兰波自己对“饥饿”的象征做出解释：“这就是不幸。”此时，马拉美也已在《帕尔纳斯》杂志上发表了《敲钟人》。

我的饥饿，安娜，安娜！
骑你的驴逃吧。

1872年8月

〈什么与我们相干，我的心……〉*

什么与我们相干，我的心，染着血[1]与灰烬的
桌布，还有成千次谋杀，以及狂怒的
冗长喊叫，整个地狱的呜咽倾覆着
一切秩序；还有凌厉的北风刮过废墟；

而一切复仇呢？没有！…… ——但，还是要，
我们要复仇！实业家，王子，参议员，
消灭！权力，正义，历史，打倒！[2]

---

* 这首诗没有标题，也没有标明写作日期。诗中可见巴黎公社的影子，摧毁一切统治力量和社会组织形式，并将燃烧的怒火延伸至每一块大陆：这是一首安那其之诗，彻底反抗现存的一切秩序（也包括古典诗歌的韵律），最终则是觉醒："这都没什么！我在此！我永远在。"

1 这可能是对巴黎公社"五月流血周"（1871年5月21日至28日）的记忆。这一周中，死亡的公社成员有两万余人，凡尔赛方面死亡数百人。

2 复仇对象首先是拿破仑三世政权周围的参议员、资产阶级、实业家，他们是"秩序"的代表，而后是抽象的权力、正义、历史，它们体现"秩序"的高压。

这是我们分内的事。血！血！金色的火焰！[1]

全面转向战争，转向复仇，转向恐怖，
我的精神！让我们转进伤口里：啊！去吧，
这世界的各个共和国！皇帝，
军团，殖民者，人民，够了！

谁来搅动怒火的旋涡，
是我们还有我们想象为兄弟的人？[2]
到我们了！浪漫的朋友们：这会让我们快乐。
我们永远不要工作[3]，哦，火浪滚滚！

欧洲，亚洲，美洲，消失吧。[4]
我们复仇的脚步已将一切占领，

---

1 巴黎公社成员用石油放火，焚烧很多纪念性建筑：巴黎市政厅、荣军院、审计法院、司法宫、杜伊勒里宫……

2 这节诗里贯穿着某种讽刺性的怀疑主义，似乎在回到清醒："我们想象为兄弟的人""浪漫的朋友们"——全然的自由只可能是一个梦，而且这个梦对所有人都不同。

3 这是兰波对社会的弃绝。他在给老师伊藏巴尔（Georges Izambard）的信（1871年5月13日）里写道："现在决不工作，决不。"《地狱一季·坏血》中也写道："我厌恶所有的职业。"

4 摧毁一切的眩晕感在向整个地球蔓延和扩展，尽管摧毁者自身也会被碾碎。

城市和乡村！——我们将被碾碎！
火山将喷发！而海洋将溃败……

哦！朋友们！——我的心，当然，他们是兄弟：
黑色的陌生人，如果我们出发！出发！出发！
哦苦难！我感到身上在发抖，老地球，
我已越来越属于你！地球在熔化，[1]

这都没什么！我在此！我永远在。

1 在极度谵妄中，兰波向非洲的黑人兄弟致敬。注意上一节的第一句："欧洲，亚洲，美洲，消失吧。"老地球在熔化，兰波是否想表达非洲才是希望？而全诗最后一句，表明诗人从梦魇回到现实中。

〈听起来仿若哀嚎……〉*

听起来仿若哀嚎
近在刺槐树旁
四月里的豌豆[1]
绿意那个葱茏！

它清晰的雾气里，[2]
向着月神福玻！
你看见晃动着
昔日圣人们的头颅……

远离海角那些明亮的

---

* 这首诗没有标题，也没有标明日期。"四月""绿意""葱茏"，让人觉得是在春天，但这个时节见不到豌豆。可能这首诗也是在1872年5月间写的，兰波只是"记录""那无法表达的"(《地狱一季・谵妄（二）》)，很难去解释清楚它的意思。

1 兰波在《灵光集・大都市》一篇中写过"豌豆田"。

2 "雾气"（vapeur）在第四节中再次出现时用了"雾"（brume），这是月色下的"夜晚效果"。只是，这雾气又何以"清晰"？

石磨，美丽的屋顶，
这些亲爱的古人
想要阴险的媚药[1]……

既不是瞻礼日
也非来自星辰！
只是雾散发出
这夜晚的效果。

至少它们留了下来，
——西西里，德意志[2]，
在这悲伤而又苍白的
浓雾里，留得正好！

1 与“明亮的石磨”和“美丽的屋顶”相对，这“阴险的媚药”到底是什么？是古人的一种宗教仪式？或者，是指雾？下一节出现了“瞻礼日”和“来自星辰”，让人联想到这是宗教或者魔法活动。

2 西西里，让人联想到古希腊，忒奥克里托斯（Theokritos，公元前310—前250年）在诗中描写过夜里举行的魔法活动；德意志（或德国）的意象，经常出现在兰波的诗里：“德意志搭起脚手架要通向诸多月亮”（《灵光集·历史性夜晚》），“德国杨树围绕的洗衣池”（《灵光集·海岬》），“用德意志的音调，/然而热烈又丰盈”（《耐心之节日·黄金时代》），“我像个雇佣兵，露宿在德国的漫漫黑夜里”（《地狱一季·坏血》）。

米歇尔与克里斯蒂娜*

那么见鬼去吧，如果太阳离了这两岸！
逃吧，闪亮的洪水！现出道路的影子。
柳林里，华贵的老宅院里，
风暴最先洒下滂沱大雨。[1]

哦，成百的羔羊，牧歌里的金发士兵，
古罗马引水渠，精瘦的石楠丛，
逃吧！平原，沙漠，草原，地平线
全在这场红色风暴的冲洗中！

黑狗，斗篷鼓风的棕色牧人，
快逃开这电光闪闪的时刻；

---

* 又是一首没有标明日期的诗。在风暴的天空下，兰波展开想象，使这首诗交织着幻觉带来的意象和奇异的迷思。

1 “风暴”是引发幻觉的起点。“闪亮的洪水”可参见《灵光集·童年》中“从草地喷涌出的闪亮洪水”，是光之洪水洗刷了两岸，呈现出光亮与色彩交相辉映的效果。

金色的羊群，当阴影漫布硝烟四起，
快下坡找到藏身之所。

而我，主啊！看我的精神飞扬，
在红色的冰天之后，
在飞驰的滚滚浓云底下
如铁轨穿越长长的索洛涅盆地。

成千匹狼出没，成千的野种子[1]
全都掠过，旋花植物不是不爱，
这风暴来临的肃然午后
千百游民席卷古老的欧洲！

而后，是月光！洒满旷野，
额头触着黑天，殷红的战士[2]
缓缓跨上他们灰色的骏马！
部队所过之处砾石哗哗作响！

1　从这一节开始，诗人的幻觉开始转变：风暴让兰波联想起战争的场景；“千百游民席卷古老的欧洲”，或许是指蛮族入侵。

2　红色与黑色在兰波的诗中不断出现，有时甚至交混成一种颜色。参看第四节中，“红色的冰天”与“滚滚浓云”。

——我将看见黄色树林和明亮的山谷，

蓝眼睛的妻子和红额的男人，——哦，高卢，

那只白羊羔帕斯卡尔，脚步轻盈，

米歇尔与克里斯蒂娜，——基督！——牧歌终了。[1]

---

1 这最后一节诗中，蓝色、白色、红色，组合在一起；各种迷思也交接在一起：米歇尔是那个红额的男人，而高卢（法兰西）的保护者是圣米歇尔，克里斯蒂娜（Christine）是妻子，从这个名字又联想到基督（Christ），也就是白羊羔帕斯卡尔的来源。《地狱一季》中，高卢人有着“蓝白眼眸”。贝尔纳补充，从这一节诗，我们或许可以追问一下这里是否有关于兰波和魏尔伦这一对儿被拆散的记忆（“牧歌终了”）；若然，“羊羔”则或指魏尔伦的妻子玛蒂尔德，魏尔伦在《小女人》（*Child Wife*）中将她比作一只咩咩叫着妈妈的“忧伤的羊崽”。

耻　辱*

只因刀片尚未
剖开这颗脑袋，
这团白色、绿色的脓包，
冒出的蒸汽从不新鲜，[1]

（啊！他[2]，应当割掉
鼻子，嘴唇，耳朵，
剖开肚子！去掉他的
双腿！哦，美妙！）

但是，不，真的，我多想

* 这首诗没有标明写作日期，可能是1872年5月所写。当时兰波被迫离开了巴黎，以免“烦扰”魏尔伦夫妇。诗人带着暴力和嘲讽，想象着人们可能想要加在他身上的所有苦刑，还有送他的灵魂上天的虚伪祈祷。

1 让古考据认为“蒸汽”可能是指头脑中产生的思想。

2 贝尔纳认为这里的“他”应是指魏尔伦，他有首诗《为受诽谤而作》（*Vers pour Être Calomnié*）中写道：“活着，哦，多么轻柔美妙！”但亦有研究者持不同观点。

用刀片对付他的头，
用石头对付他的腰，
用火焰对付他的肠，[1]

不要去做，捣蛋的
孩子[2]，如此蠢的畜生，
一刻也不要停下
耍诡计和背叛，

像罗歇山的一只猫；
熏臭所有天体！
而当他死时，哦，上帝！
升起几声祈祷！

1 暗示三种刑罚：砍头、石刑和灌毒药。

2 “捣蛋的孩子”显然是指兰波，是他干扰了魏尔伦和妻子之间的情投意合。“不要去做”，并非兰波给自己的建议，而只是表达一种可能性。

记　忆*

一

流水清清；宛如童年泪水的盐，
太阳冲袭着女人们洁白的身体；
绸缎片片，缀以纯洁百合，军旗
摇曳，某位圣女保卫在城墙下；[1]

天使们的嬉戏；——不……是金涛奔腾，
晃动她沉重的臂膀如草一般黝黑而清新。

---

* 兰波最著名也是最具争议的一首诗。应是他回忆自己逃离家乡去巴黎，也有评论家认为是暗示他的父亲离开他母亲后远走他乡。

1 鲁雄（François Ruchon）觉得，这一节诗中出现如此多的白色，如同一首白色交响乐；贝尔纳则更相信，这事实上是兰波对戈蒂耶（Théophile Gautier，1811—1872年）的戏仿，所以下一句出现了"不……是金涛奔腾"（因阳光反射），以及她的臂膀如草一般"黝黑"。

幽暗中她[1]以苍穹为天床，唤取
丘陵和拱桥的影子作帐幔重重。

二

嗯！潮湿的窗棂飘动清澈的气泡！
无底的水如灰金借来装饰寝床。
少女们褪色的绿裙化作了垂柳，
柳枝间跳跃着无羁无束的鸟。

比金币更纯净，温热的黄眼睑
水的忧愁[2]——哦，是你的结发之妻！——
短促的正午，在她晦暗的镜子里，嫉妒
可爱的玫瑰色天球[3]悬于火热的灰天。

1 一部分研究者认为“她”指河流，尤其让人想起兰波家乡的默兹河。
2 德拉艾认为“水的忧愁”指睡莲，这里将黄色的睡莲与金币相比。
3 “玫瑰色天球”指太阳，映照在水这面“晦暗的镜子”里。

三

妇人[1]僵挺挺站在草地上
近旁飘飞用功的孩儿；手擎
遮阳伞；踩着伞形花；得意非凡
孩子们在开花的绿茵上阅读

他们的红色羊皮书！唉，他[2]，如同
千百位白色天使离开了大道，
越过山岭飘然而去！而她，
寒冷，黝黑，奔流！自那人离去之后！

四

遗憾的是纯净草地年轻宽厚的臂膀！
但还有圣床之心流溢四月的月光！

1 “妇人”可以说是从上一部分的“妻”而来的联想，让人想到兰波的母亲。这幅画面也可以视作在河流附近散步的人。

2 “他”是兰波吗？抑或是兰波的父亲？后文中的“她”是兰波的母亲吗？或者，“他”指太阳，“她”指河流？

欢乐曾荡漾于河边废弃的工地[1]，
八月那些发霉的夜里受尽了煎熬！

而这时她正啜泣在城垣下！[2]高处
白杨的叹息随一阵微风消逝。
而后，是无端端一片灰茫的平静：
一位老渔翁坐在船头纹丝不动，暗自伤心。

五

阴郁如水的眼眸，我够不到这玩具，
哦，停泊的小舟！[3]哦！手臂太短了！不是这朵
也不是那朵：不是这朵烦扰我的黄花，
也不是那朵蓝花，水的女友，颜色如灰。[4]

1　据德拉艾解释，梅兹耶尔（Mézières）曾有过一个淘河沙的工场。

2　据德拉艾说，工场上的工人住在一个小棚屋里，之前是一个可怜的疯女子住的，她被叫作“城垣圣女”。这个疯女子常来开骂，而后哭泣不止。不过，贝尔纳觉得这里的“她”可以简单地理解为从城墙下流过而发出声响的河流。

3　德拉艾在《关于兰波、魏尔伦和热尔曼·努沃的亲密回忆》中说，这里是兰波的个人记忆：小船系在默兹河边，兰波和兄弟坐在小船上玩。

4　这里可以理解为：蓝花是水的女友，在太阳离去不再照射之后，水的颜色像灰一样，与花的颜色相协调。

啊！尘起枝条婆娑的垂柳！

芦苇的玫瑰色消耗得太久！[1]

我的小舟，一直系着；缆绳牵着它

到无边之水的眼眸深处，——怎样的淤泥中？[2]

---

1 德拉艾认为，“芦苇的玫瑰色”指灯芯草。但也可以想象为夕阳将芦苇染上玫瑰的颜色，而后在黄昏中渐渐消退。

2 这最后两句可被赋予某种象征意味：与《醉舟》相反，这里的小船一直系着，不会消失，它感到被船缆牵引到“淤泥中”。这是现实之“淤泥”，与那个抓不到花朵和芦苇的玫瑰色所在的梦幻世界相对立，是这个孩子无法抵达的。

〈哦季节，哦城堡……〉*

哦季节，哦城堡，
哪个灵魂全无过错？

哦季节，哦城堡，

我对幸福做过神奇的
研究，无人能参透。[1]

哦幸福无尽，每一次

---

* 这首诗没有标题，被兰波收入《地狱一季·谵妄（二）》时有所改动。兰波对“季节”这个词有特殊的偏爱，这是生命的岁月，是一个时期，或者一段生活，就像“地狱一季”；而“城堡”这个词，或许让人联想到《最高塔之歌》。埃蒂安布勒的评论中认为“季节”指尘世生活，而“城堡”指“灵魂的城堡”（语出阿维拉的特蕾莎，即圣女大德兰）。兰波选择了这两个寓意丰富的词，但并没有给它们确切的定义。

1 “无人能参透”的是“研究”，而不是“幸福”（埃蒂安布勒之观点）。贝尔纳则提请读者注意“神奇”（magique）一词的重要性：兰波曾希望通过神奇的魔力而成为幸福之主（第六节中：“这魔力！”）；在《谵妄（二）》中，兰波写道：“我曾相信所有神奇魔力。”

当高卢雄鸡啼鸣。[1]

然而！我已无欲无求，
生命交托它去背负。

这魔力！攫取灵与肉，
并将驱散一切事功。[2]

言语既出谁能懂？
化作几片烟云飞逝！

哦季节，哦城堡！

[而，若被灾祸卷走，
我应是自作自受。

1 意思是每天当鸡鸣将我们唤醒，就是活在幸福之中。兰波在《谵妄（二）》中写道："幸福！它的牙齿，对死亡是温柔的，以雄鸡报晓提醒我，——早晨……"

2 兰波想要召唤怎样的"魔力"来抵达幸福？"攫取灵与肉"一句，贝尔纳认为在这里当与魏尔伦无关，而"驱散一切事功"指放弃行动。"魔力"（Charme）一词，后来被瓦雷里作为一首诗的诗题，梁宗岱先生将之译作"幻美"。

当由它的蔑视，唉！
送我快快受死！[1]

——哦季节，哦城堡！]

1 这两句在《谵妄（二）》中变成了："它飞逝之时，唉！/即是死亡之时。"这里的"它"即指"魔力"。

〈狼在叶丛下嗥叫……〉*

狼在叶丛下嗥叫
吞吃了家禽
吐出美丽羽毛：
如同它，我也在空耗。

生菜，水果
只等待去采摘；
篱笆上的蜘蛛
只吃堇菜。[1]

愿我入睡！愿我烹煮

---

* 这首诗被兰波收入《地狱一季·谵妄（二）》，写作时间是1872年5月至6月。诗中两个主题较为明显：一是干燥以及暴亡，二是春天的清新以及时令菜蔬。

1 “堇菜”在《渴之喜剧》和《饥饿之节日》中都出现过，一样是做沙拉来吃。在春天的夏尔维勒周边，堇菜很常见，这里吃堇菜的“蜘蛛”很难说有什么象征意味。

在所罗门的祭坛。

汤汁流经铁锈，

融入克德龙溪。[1]

1 所罗门建造的祭坛，见《圣经·历代志下》。克德龙溪（Cédron），是分开耶路撒冷和橄榄山的激流，亦作“汲沦溪”。

地狱一季

来自夏尔维勒的传教士（德拉艾 绘）

★ ★ ★ ★ ★*

从前，如果我记得不错，我的生活曾是一场盛宴，宴席上所有的心都敞开，所有的酒都流淌。[1]

一晚，我让“美”坐于膝上。——而我发现她苦涩不堪。——于是我对她破口大骂。[2]

我武装起来，对抗正义。[3]

我逃跑了。哦，女巫，哦，苦难，哦，仇恨，我的珍藏都托付给了你们！[4]

我终于让一切人类希望在我的精神里灰飞烟灭。我如猛兽般无声地跃起，将所有欢乐一把掐死。

---

* 原稿无标题，仅有五个星号。本篇置于《地狱一季》之首，作为序言。

1 无忧无虑而又满怀希望的青春岁月，在《地狱一季·清晨》里将再次出现：“我不也有过一回，可珍可爱的青春，壮美神奇的青春，可写在金叶上的青春，——太幸运了！”

2 暗示反对帕尔纳斯派的美以及所有古典的美，在“通灵人书信”里，诗人曾写道：“无数愚蠢的世代……那些老混蛋……”

3 贝尔纳认为正义指社会秩序，是一种伪正义，诗人在《什么与我们相干，我的心……》里写道：“权力，正义，历史，打倒！”但学界对此也有不同的观点。

4 女巫在兰波的诗里多次出现，可参见《灵光集》(《洪水过后》《断句》)。对米什莱著作的阅读给兰波留下了深刻印象，米什莱认为女巫产生于绝望时代，已有了现代普罗米修斯的特征。

我叫来刽子手，为了在临死之际咬住他们的枪托。我召来种种灾祸，为了将自己闷死在沙与血中。不幸曾是我的神明。我躺在污泥中。我在罪恶的空气里把自己晾干。我对疯狂要出种种花招。[1]

而春天带给我白痴的狞笑。

可最近，当我又要弄出最后一次**走调**，我想到要找回昔日盛宴的钥匙，也许我在那里将恢复食欲。[2]

仁慈就是这把钥匙。——这样的灵启证明我在做梦！[3]

“你还是做你的豺狼去……”魔鬼又叫喊着，给我戴上如此可爱的罂粟花冠。“去死吧，带着你所有的贪欲、你的自私和所有的原罪。”[4]

啊！这些我得到太多了：——但是，亲爱的撒旦，我求求您，不要怒目相视！您是喜欢作家身上没有描写或说教才能的，在几分小小的怯懦到来之前，我这个下地狱的人从我的手记里给您撕下这可憎的几页。[5]

---

1 兰波可能想起了1871年5月“言语炼金术”时期的危机时刻。

2 “最后一次走调”可能是指在伦敦和布鲁塞尔与魏尔伦之间发生的事。

3 第一句提出一个想法，第二句立刻加以否定，这样的情形在《地狱一季》里经常出现。

4 没有了希望和仁慈，也就无法拥有信仰。兰波选择了反抗，去满足他的贪欲和自私，即便要被罚下地狱。

5 “魔鬼”和“撒旦”可能暗指魏尔伦，这就给最后一段带来某种讥讽意味：魏尔伦咆哮着反对描写式的小说，而我们知道，波德莱尔、戈蒂耶以及整个象征派都反对赋予艺术以教育和教化的意图。

坏　血*

我从高卢祖先那里得着了蓝白眼眸、狭窄脑门以及搏斗中的笨拙。我发现我的衣着跟他们的一样野蛮。但我不在头发上抹油。[1]

高卢人是他们那个时代最愚昧无能的剥兽皮者和烧草放荒的人。[2]

从他们身上，我得着了：偶像崇拜并热衷于渎神；——哦！所有的恶习，愤怒，淫荡，——妙极了，淫荡；——尤其是撒谎和懒惰。

---

* 研究者普遍认为此篇作于布鲁塞尔悲剧（1873年7月）之前，因为兰波在5月写给德拉艾的信里说，“而我正在较有规律地工作，写一些小散文故事，总标题：异教之书，或黑人之书”，“我的出路就靠这本书了，还有半打残酷的故事有待发明……我已经有了三个”。《地狱一季》里，只有《坏血》这篇最符合“异教之书”或“黑人之书”这个标题，其中交混着多个主题：第一、第二节中，“劣等种族”的主题；基督教与异教之间斗争的主题，并引发了“黑人”的主题，借此喊出对西方文明和信仰的厌恶；童年、孤寂以及沉重的罪感的主题。

1 拉科斯特记起来夏多布里昂在《美洲之旅》（*Voyage en Amérique*，1826年）和《往生回忆录》里两次提及“在头发上抹油”的风俗。

2 暗指高卢人祭祀的风俗，兰波的“自辱”口吻在《坏血》中随处可见，也见于《地狱一季·谵妄（一）》。

我厌恶所有的职业。[1]老板和工人，都是农民，无耻之徒。握笔的手与扶犁的手相当。——好一个手的世纪！——我永远不要我的手。再则，做奴仆，走得太远。行乞的正直又让我悲痛。罪人和阉人同样可恶：我嘛，我可是完好无损，而我也无所谓。[2]

但是！是谁让我的舌头这般恶毒，以至于它指引并捍卫我的懒惰到了这等地步？活着却又懒得动一下身体，比癞蛤蟆还要游手好闲，我到处游走。没有一个欧洲的家族我不认得。——我是说像我家这样完全信守人权宣言的家庭。——我认得每一家的子弟！

要是我的履历里有那么一点儿法兰西历史该多好！[3]

但是没有，一点儿都没有。

很明显，我向来是属于劣等种族了。我无法理解什么

1 兰波一直拒绝参加工作，对他来说，这是某种“仆役”（domesticité）。可参看兰波写给老师伊藏巴尔的信（1871年5月13日），即“通灵人书信”之一。

2 这最后一句有两个层面：一是兰波自我宣称的“纯真”，祛除原罪；二是兰波的骄傲，他要将自己置于善与恶之上（参看《地狱一季》的序和《谵妄（一）》）。

3 “劣等种族”的主题，由上一节中“人权宣言”这句引出来。接下来兰波将唤起中世纪的图景，尤其是十字军东征。

是反抗。我这个种族从来只知起而掠夺：就像狼群扑向还没被它们杀死的牲畜。

法兰西的历史，我也还记得，这个教会的长女。我这个乡巴佬，本也想要去圣地旅行；我的头脑里装着施瓦本平原的条条大道，拜占庭的风景，索利姆的城墙；[1]在千般俗世幻境间，我心里也萌生对圣母马利亚的崇拜，对被钉十字架那人的怜悯。——我这个麻风病人，坐在一堆破罐和荨麻上，就在阳光啃噬的一道墙脚下。——而后，我像个雇佣兵，露宿在德国的漫漫黑夜里。[2]

啊！还有：火光通红的林间空地上，我跟老妪和孩童一起巫魔狂舞。

我的回忆走不出这块土地和基督教。我在这段过往里无休止地看见自己。但总是独自一人；没有家；甚至，我说着何种语言？我从未见自己受基督劝谕；也未受基督的代表——领主们的劝谕。[3]

---

1 兰波描述的是第一次十字军东征的路线，由隐修士皮埃尔（Pierre l'Ermite）率领一群"乡巴佬"向耶路撒冷进发。索利姆（Solyme），《圣经》中耶路撒冷的名字，在《灵光集·通俗小夜曲》中也出现过。

2 几个不同时代的幻景被诗人无序地组合在一起，"乡巴佬""麻风病人""雇佣兵"，都是"劣等种族"。

3 既然领主们是"基督的代表"，那么"乡巴佬"自然就跟宗教离得很远了，他们将对马利亚和被钉十字架那人的崇拜与俗世千般幻境混在一起，他们在林间空地上"巫魔狂舞"（sabbat）。

上个世纪我曾是谁：我只得见今天的我。再没有流浪者，再没有暧昧的战争。劣等种族席卷一切——所谓人民，理性；民族和科学。[1]

哦！科学！一切重新来过。为了肉身，为了灵魂，——临终圣体，——我们有了医学和哲学，——偏方草药和调弄好的民间歌谣。还有王公们的消遣和他们曾禁止的游戏！地理学，宇宙学，力学，化学！……[2]

科学，新贵族！进步。世界在前进！它怎么会不转动？[3]

这是数字的幻景。我们正走向**精神**。[4]我所说的确定无疑，这是神谕。我心里明白，但既然不用异教言语便不知如何表达，我宁愿保持沉默。

---

1 兰波可能想起了米什莱的观点："种族"（race）概念已在"民族"（nation）概念面前消失。在米什莱、勒南（Ernest Renan）之后，兰波将要唱起"科学颂歌"；而在这不久前，巴黎公社的作家们也唱过。

2 兰波的"科学颂歌"：医学，对应于从前的偏方草药；哲学，对应于（调弄好的）民间歌谣；地理学、宇宙学等知识，不再为王公贵族所专有。

3 "世界在前进！它怎么会不转动？"这句是一个文字游戏，跟伽利略的名言有关："而地球依然转动。"

4 "精神"（Esprit），原文首字母大写并用了斜体，可能是表示双关，因为此词在宗教上有"圣灵"之意。这句的意思是：我们将走向精神对物质的统御，即科学的胜利。这就是"数字的幻景"。兰波这些关于科学和进步的观念可能是在伦敦时产生的，他和魏尔伦那时经常造访在伦敦避难的巴黎公社成员维尔麦希（Eugène Vermersch，1845—1878年）和安德里厄（Jules Andrieu，1838—1884年）等人，而维尔麦希早在1868年就在其著作《大圣约》（*Le Grand Testament*）的序言里写过他是"原子论者和安那其"。

———

异教的血又回来了！圣灵就在近旁，为什么基督不助我，给我的灵魂以高贵和自由。唉！福音已逝！福音！福音。[1]

我贪婪地等待着上帝。我是永生永世属于劣等种族了。[2]

此刻我在阿尔摩里克海滩上。[3]让一座座城市亮起在夜里。我的一天已结束；我将离开欧洲。海风将燃烧我的肺；遥远的气候将把我熏成棕褐色。游水，嚼草，狩猎，尤其是吸烟；豪饮烈酒如沸腾的金属，——就像那些亲爱的祖先围着篝火时那样。

我会回来，带着铁般肢体，皮肤黝黑，眼神狂怒：从我的假面，人们会判定我来自一个强悍的种族。我将拥有

---

1 这已经不是福音书的时代。很难确定这里兰波的调子是戏仿、讥讽，抑或真诚。值得注意的是，在《地狱一季》手稿的背面（可能是缺纸），兰波写了《福音散篇》（*Proses Évangéliques*）中的一篇（另外还有两篇），这三篇的来源明显跟《若望福音》有关，写作日期不明，应该是作于《地狱一季》之前而被兰波很快放弃的一个写作计划。

2 “我贪婪地等待着上帝”常常被用来证明兰波向基督教的回归，但后一句显示，这只是一个“劣等种族”的行为。

3 阿尔摩里克（Armorique）为布列塔尼（Bretagne）地区的旧称，词源学上有“面朝大海的土地”之意。兰波要离开“古老墙垣的欧洲”（《醉舟》），他在这里再次推进自己的梦想。人们常常惊讶于他在诗歌中对自己未来的预言，特别是后文那句“从炎热国度归来的凶残的废人”。

黄金：我将闲散又粗暴。有女人们照料这些从炎热国度归来的凶残的废人。我将参与政治事务。得救了。

现在我受到诅咒，我厌恶祖国。最好的事，莫过于一场酣眠，在沙滩上。

———

尚未出发。[1]——让我们重拾此地的路，背负起我的恶习，这恶习自理性之年起就在我的胸侧生长出痛苦的根——它升上天空，捶打我，掀翻我，拖曳我。[2]

最后的纯真，最后的羞涩。都已说完。不要将我的憎恶和背叛带给世界吧。

来吧！跋涉，负重，荒凉，烦闷，还有愤怒。

我受雇于谁？该崇拜哪种野兽？去攻击哪幅圣像？我将捣碎哪些人心？应守住哪个谎言？——将淌着怎样的血前行？

还是提防正义吧。——生活艰辛，麻木不仁，——用

---

1 这句一下将我们带入现实。在初稿里并没有这句，是兰波后加的，大概是为了与前一节连接。

2 对比手稿，整句都做了修改，尤其是删去了“胸膛敞开，我得见一颗可怕而虚弱的心”（拉科斯特认为，原文带有滑稽口吻）。贝尔纳认为这一小段应该看作兰波的真正忏悔，其中“恶习”（vice）只能是指他在《爱的沙漠·告读者》（*Avertissement: Déserts de l'Amour*）里所暗示得更明晰的一句：“没喜欢过女人，——尽管血气方刚……”

枯瘦的手掀起棺盖，坐进去，把自己闷死。这样就没有衰老，也没有危险：恐惧与法兰西无关。

——啊！我是这般孤苦无依，无论哪幅圣像我都奉上追求完美的狂情。[1]

哦，我的克己忘我，哦，我神妙的慈悲心！而依然，是这俗世凡尘！

上主，我由深渊[2]，我可真蠢啊！

还是个孩子时，我就敬慕终身关在牢里不屈不挠的苦役犯；[3] 我造访过因他曾寄身而成为圣地的客栈和出租屋；**我用他的观念**观看乡间的蓝天和花开般的劳作；[4] 我在一座

1 这一节交混着异教、罪感和对基督教信仰的憧憬，“该崇拜哪种野兽”“去攻击哪幅圣像”“无论哪幅圣像我都奉上追求完美的狂情”，内心争斗和焦灼让诗人陷入深渊，而当他嘴边刚冒出半句祷告词，随即就被自己冷冷地否定：“我可真蠢啊！”

2 原文为拉丁文“*De profundis Domine*”，兰波在这里做了简缩，全句为“*De profundis clamavi ad te, Domine.*”，出自《圣经·旧约》。思高本作“上主，我由深渊向你呼号”（《圣咏集》130:1），和合本作“耶和华阿、我从深处向你求告”（《诗篇》130:1）。

3 兰波在这里回想起年少时多次离家出走，“不屈不挠的苦役犯”成了一个象征：一个受咒的人，一个孤寂的人，“而他，只他一人！”

4 这里应是兰波在乡间流浪的个人记忆。“花开般的劳作”，可比较《灵光集·神秘》中的句子：“花开般的甜蜜降落到斜坡对面，……形成一道开花的蓝色深渊。”

座城市里嗅闻着他的宿命。他比圣徒更强大有力，比旅人更富有良知——而他，只他一人！见证他自己的荣耀和理性。

在条条大道上，一个个冬夜里，没有宿处，没有寒衣，没有面包，一个声音揪紧着我冰冻的心：“软弱抑或强大：你存在，这就是力量。你不知去往何处，也不知因何而往，你无所不在，无所不应。反正是死尸一具，你是杀不死的。”早晨，我的目光如此空茫，举止如此僵死，以至我遇到的人或许根本没看见我。

在城里，我突然看见污泥都呈红黑色，就像一面镜子里晃动着隔壁房间的灯，又像一堆珍宝在林中！真是好运，我喊道，而我看到天空中一片火焰和烟雾的海；而左边，右边，所有财宝如同十亿道霹雳正熊熊燃烧。[1]

但狂欢和女人的情谊于我是禁止的。我甚至没有一个同伴。我看见自己站在激怒的人群面前，面对着行刑队，为他们无法理解的灾祸痛哭，并且宽恕他们！——就像圣女贞德！——“神甫，教师，律师，你们把我交付审判是弄错了。我从来不属于这类人；我从来不是基督徒；我属

1 这一段充满象征意味又富有印象主义的幻觉很像是伦敦记忆，可比较《地狱一季·永别》里“沾染了火和污泥的天空下巨大的都城”，以及《灵光集·童年》里的句子：“泥浆或红或黑。魔怪城市，无尽的夜！”

于苦刑中歌唱的种族；我不懂得法律；我没有道德感，我是个粗人：你们弄错了……”[1]

是的，我对你们的光闭上眼睛。我是头野兽，是个黑人。但我能得救。[2]你们是伪黑人[3]，你们躁狂、残暴、吝啬。商人，你是黑人；法官，你是黑人；将军，你是黑人；皇帝，你个老痒鬼[4]，你是黑人：你喝下不打税的酒，你是撒旦捏出来的。——这类人是受了热病和癌症的启发。残废者和老人是如此让人尊敬，他们甚至请求把自己煮沸。[5]——最聪明的做法是离开这块大陆，疯狂在四处游

1 异教徒不服从基督教教规，也不服从社会法规，善与恶的概念对他来说不存在，可比较《地狱一季·地狱之夜》里的一句："地狱伤不到异教徒。"兰波拒绝西方文明，同时拒绝基督教，所以接下来他写道："我对你们的光闭上眼睛。"

2 "我能得救"，不是拥抱基督教，而是远离这块大陆，到后文"含的子孙的王国"找回原始淳朴的生活。

3 "伪黑人"意思是伪装成白人的"黑人"，比真正的黑人更凶恶。1890年，兰波去世前一年，他从非洲写给母亲和妹妹的信里也有："比起那些所谓文明国家的白种黑人，哈勒尔的人并不更笨，也不更卑鄙。"（1890年2月25日，哈勒尔）。接下来，兰波愤怒地声讨那些代表西方"文明"的各种职业。兰波在这里的讥讽堪比蒙田（Michel de Montaigne）在《食人族》一章里表达的怀疑论。

4 "皇帝，你个老痒鬼"，可能来自雨果（Victor Hugo）的诗集《世纪传奇》（*La Légende des Siècles*）里一句诗："难道你们没有指甲吗，无耻的人群，/在你们的皮肤上给帝王们挠挠痒！"

5 "黑人"的思路带出了食人肉，贝尔纳提请读者注意这里的反讽调子。

荡，为这些卑鄙恶棍掳掠人质。[1] 我进入了含的子孙[2] 真正的王国。

我还认得大自然吗？我还认得自己吗？再也无言。我将死人都埋进我的肚子。喊声，鼓声，舞，舞，舞，舞！我甚至看不到白人登陆时我坠入虚无的那一刻。[3]

饥，渴，喊，舞，舞，舞，舞！

白人登陆了。大炮！必须屈从于洗礼，穿上衣服，工作。[4]

我的心受到恩典的一击。啊！这我可没有料到！[5]

---

1 此处原文中的“misérables”不应译作“穷人”，而应取其贬义，故译作“卑鄙恶棍”，即指前面的种种“伪黑人”。“掳掠人质”，盖指在这块大陆上生存就必须工作，选择某种职业，而在兰波看来，这就是西方文明社会无所不在的“疯狂”。

2 据传，诺亚有三子：闪、含、雅弗，含的子孙是黑人。这里的意思是，离开西方的“伪黑人”，找到一种不虚伪的原始生活。

3 回归原始生活，即伴随着食人（“我将死人都埋进我的肚子”），并向西方式论辩告别（“再也无言”），取而代之的是狂热的舞蹈和喊叫，一连串单音节词和感叹号，一种带节奏的谵妄，仿佛就在原始部落。

4 文明的到来，以三件事为标志：战争、洗礼、工作——都是兰波痛恨和厌恶的事，唯恐避之不及。“必须屈从”是因为“大炮”；“穿上衣服”，是连接前一节的原始生活。

5 没有料到的“恩典的一击”带有反讽意味，因为前面说“大炮”（也可以“一击”）、“必须屈从于洗礼”。

我没干过任何坏事。[1]日子会过得轻松，懊悔将得以免除。灵魂在善中濒死的折磨我不会经受，那里严峻的光升起如同葬礼上的蜡烛。[2]家族长子的命运，就是一口被涟涟清泪草草封盖的棺材。或许放荡是愚蠢的，恶习也是愚蠢的；腐朽糜烂应该扔弃一旁。但时钟不会只为纯粹痛苦的时刻而敲响！我会不会像个孩子一样被劫走，忘却一切苦难，在天堂里嬉戏！

快！还有别的生命吗？[3]——在财富中入睡是不可能的。财富一向属于公众。只有神的爱才赐予科学的钥匙。我看到大自然只是仁慈的一场表演。永别了，妄念，理想，谬误。

众天使明智的歌声从救生船上升起：这是神的爱。——双重的爱！我可以死于尘世之爱，死于献身。我抛下了那

---

1 兰波好似在将自己模拟成一个新入教的“良善的黑人”，他甚至召唤别的生命来听天使之歌，接受“神的爱”，而他在这一节最后总结道：“上帝给我力量，而我赞美上帝。”

2 灵魂面对“善”的检验，所以“善”中有“严峻的光”升起；因为“没干过任何坏事”，灵魂也就不会经受这样的折磨。

3 这句常常被误读成兰波在梦想别样的生活、急于改变生活，比如王道乾先生译作：“快，快！还有别样的生命吗？”此句也被译作：“快！还有另一种生命？”而事实上，在这一节里，兰波都是在以新入教的“黑人”身份说话，他请求快救起“别的生命”（autres vies），就像不可安心地独占财富一样；后文还将复述这层意思：“你从海难者中选了我，那些留下的人难道不是我的朋友？救救他们！”

些因我的离去而痛苦加剧的灵魂！你从海难者中选了我，那些留下的人难道不是我的朋友？[1]

救救他们！

理性在我身上诞生了。世界是好的。我要祝福生命。我要爱我的兄弟。这不再是童年的许诺。也不是希望逃避衰老和死亡。上帝给我力量，而我赞美上帝。

忧烦不再是我之所爱。[2]狂怒，放荡，疯狂，它们所有的冲动和祸害我都知晓，——我的重负都已放下。让我们清醒地估量我纯真的程度。

我再也不能请求以笞刑作安慰。我不认为会卷入一场认耶稣基督作岳父大人的婚礼。[3]

我不是我理性的囚徒。我曾说：上帝。我要的是得救

1 “海难者”和“救生船”，让人联想到这一节开头一句：“白人登陆了。”

2 这里很明显是兰波自己在说话，而不再是上一节中的“黑人”。“忧烦”（ennui）一直重压着他，从他写给朋友们的多封书信里都可以看到，比如，1871年7月写给伊藏巴尔的信：“我忧烦得无可言喻。”他想要放下狂怒、放荡、疯狂的重负，洗去所有的原罪，但这一段的最后一句“让我们清醒地估量我纯真的程度”又颇有些讽刺意味，参看1873年5月写给德拉艾的信：“哦，纯真！纯真；纯真，纯……祸患！”

3 兰波最终以嘲讽的口吻断然拒绝了基督教。“认耶稣基督作岳父大人的婚礼”，讽喻基督与其教会的联姻。

中的自由：如何求得？[1]轻佻的习性已离我而去。再不需要献身，也无需神的爱。[2]我并不惋惜那个多愁善感的世纪。每个人各有他的理智、蔑视和仁慈：我则在良知的天使之梯顶端保留我的位置。[3]

至于稳固的幸福，不论居家与否……不，我不能。我太不专心，太软弱了。生活因劳作而绽放，这是古老的真理：我嘛，我的生活还不够沉重，她高高飘飞并浮荡于行动之上，在世界珍贵的极点之上。[4]

我已成了老姑娘，只因缺乏热爱死亡的勇气！

愿上帝赐予我天庭的宁静，轻灵的宁静，还有祈祷，——就像从前的圣徒。——圣徒！强者！隐修士，艺术家，再也不需要了！[5]

---

1 兰波的两难困境：既要自由，又要得救。在他看来，基督教伦理妨碍他获得自由。

2 此处暗示上一节中"这是神的爱。……我可以死于尘世之爱，死于献身"。

3 "多愁善感"和"仁慈"带有阅读卢梭著作的记忆；"良知的天使之梯"，多少带有反讽意味。

4 此处可参看《地狱一季・谵妄（二）》中："我看见所有生物都注定为幸福而丧命：行动不是生活，而是一种糟蹋力量的方式，一种神经紧张。"还可参看《地狱一季・闪光》中："对我的骄傲而言，劳作显得过于轻盈：我对世界的背叛是过于短暂的酷刑。"兰波也可能想起了波德莱尔的诗句："当然，至于我，我将乐意出离/这个行动与梦想不成姐妹的世界。"（《圣伯多禄的否认》）

5 "再也不需要"关联到圣徒和隐修士；反抗时而萌生的基督教诱惑，结论就是下面一句："无休止的闹剧！"

无休止的闹剧！我的纯真使我哭泣。生活是人人必须扮演的闹剧。

够了！这就是惩罚。——前进！[1]

啊！肺在燃烧，太阳穴在吼叫！这轮太阳，黑夜翻滚在我眼中！这心脏……这四肢……

我们去往何方？去战斗？我是弱者！其他人在前行。工具，武器……时间！……

开火！朝我开火！这儿！要么我就投降。——懦夫们！——我要杀了自己！我要投身于马蹄之下！[2]

啊！……

——我会习惯的。

也许这就是法国式生活，通向荣誉的小径！[3]

---

1 这一节在手稿上跟在以“尚未出发”开始的第四节后面，两节的口吻和气喘吁吁的节奏都相同。

2 兰波拒绝这种“法国式生活”，与其以“战斗”去获取“荣誉”，宁可去死。

3 这句很明显是辛辣的嘲讽。“法国式生活”将（兰波厌恶的）爱国情感与（兰波嘲笑的）荣誉感联结起来。在兰波笔下，“法国式”（français）这个形容词总是用作贬义，如在1871年5月写给德莫尼（Paul Demeny）的信里（见本书“通灵人书信”之二）论及缪塞（Alfred de Musset）的诗时——“全是法国式的，也就是可憎到了极点”；“人们将长期品尝法国式的诗，但仅仅在法国”。

地狱之夜*

我吞下了一大口毒药。[1]——我收到的忠告受到三倍祝

* 据保存下来的一份手稿，此篇有个题目："伪信"（*fausse conversion*），手稿背面是《福音散篇》的第三篇"贝特赛达"（*Beth-Saïda*）。贝特赛达是加利利海东北岸的古老渔村，见于《新约》，"斐理伯是贝特赛达人，与安德肋和伯多禄同城"（《若望福音》1:44）；和合本作"伯赛大"，"这腓力是伯赛大人，和安得烈、彼得同城"（《约翰福音》1:44）。由此，贝尔纳判断此篇写作于兰波从布鲁塞尔回来之后。当时，兰波被魏尔伦枪击后在布鲁塞尔的医院里住了几天，没能归信基督教。此篇讲述了他"与天使之战"，以及坠入最底层地狱的经过。此篇与前篇之间有一道断裂：前篇讲述的是异教徒和黑人，他们不会"被诅咒"，因为"地狱伤不到异教徒"；而在此篇中，"被诅咒"的念头经常出没在诗人的头脑中，他将因受洗而注定下地狱，而他也已然看到自己身处地狱："我认为我在地狱里，所以我就在地狱。"这篇诗章里，兰波以其骄傲之冲动和绝望之呐喊，唤起"坏血"来与上帝作对，成为"魔法幻影大师"，也就是成为上帝；但兰波没能祛除善与恶的概念，也没能祛除天堂与地狱的概念：他知道地狱的好处，甚至奏出了"一曲地狱交响乐"。

1 德拉艾认为"毒药"是指兰波在布鲁塞尔悲剧事件之后喝下的"一大口烈酒"。E. 斯塔基（E.Starkie）则认为，兰波在自认回归"纯真"状态（见《坏血》）之后，却又重新经历了一次归信的失败，深感耻辱。而马图奇认为"毒药"是指"怀疑之毒药"，它妨碍了任何归信的可能。这"毒药"也可能暗指基督教信仰，在早期诗作《初领圣体》中，兰波写到"耶稣的腐烂之吻"。他想要通过归信来寻求得救的可能，结果正相反，他认识到自己自此成了受罚的人，同时找回了对地狱的信仰。

福！——五脏六腑都在燃烧。毒液凶猛，拧绞我的四肢，将我扭曲变形，击倒在地。我渴死了，我透不过气，我喊不出声。这就是地狱，永恒的折磨！看哪，烈火升起！我烧成一团。去吧，魔鬼！

我曾一闪念想要归依良善与幸福，得到拯救。我该如何描述这幻象，地狱的氛围容不得赞美诗！曾有数百万魅力迷人的创造物，一场美妙的精神音乐会，力量与和平，高贵的野心，我还知道什么？[1]

高贵的野心！

却依然活着！——难道罚入地狱就永世不得翻身！一个人意欲自残，就该下地狱，不是吗？我认为我在地狱里，所以我就在地狱。[2]这就叫执行教理。我是我洗礼的奴隶。父母啊，是你们造成了我的不幸，也造成了你们的不幸。可怜啊，纯真的人！[3]地狱伤不到异教徒。——依然活着！而后，下地狱的乐趣会更加深切。快，一桩罪行，世

1　伴随着兰波的“幻象”，让人联想到一种归信的希望。这流产的归信显然可能发生在布鲁塞尔悲剧之后的医院病床上。

2　此句戏仿了笛卡尔（René Descartes）的名言：我思故我在。（Je pense, donc je suis.）

3　“纯真”在这里是反讽，但也与兰波在“纯真”与“异教”之间建立起的联系有关。现在，他因受洗而成了“奴隶”，一旦接受了惩罚和地狱的观念、善与恶的观念，他就得受罚。手稿上有一句更明晰地表达了这层意思：“是有些人悲惨地活过，悲惨地活着，而他们一无所知！”

间的法律就让我坠入虚无。

别说了，别说了行吗！……这里尽是羞辱，责难：撒旦说火是卑鄙无耻的，说我的愤怒愚蠢之极。——够了！……那些谬误是我受了煽动，那些魔法，虚假的香味，幼稚的音乐。[1]——又说我掌握着真相，说我看见了正义：我的判断力明智而果决，我日臻完美……骄傲。——我的头皮发干。怜悯我！主啊，我怕。我渴，渴极了！啊！童年，草地，雨水，石上的湖，**月光而此时钟楼正敲响十二点**[2]……这时辰，魔鬼就在钟楼里。马利亚！神圣的童贞女！……——我的愚蠢真是可怕！[3]

那儿，不都是些正直的灵魂，她们都希望我好？……来吧……我的嘴上有个枕头，她们听不见我，这是些幽灵。再者，从没有人想到他人。不要让人靠近。我闻到了

---

1 “我受了煽动”，像是指魏尔伦。手稿上是“那些魔法，那些炼金术，神秘主义，虚假的香味，幼稚的音乐”，兰波在此删掉了“炼金术”和“神秘主义”；我们可以想见“通灵”和“言语炼金术”的诱惑，还有来自魏尔伦的“音乐手法”，兰波都在《最后的诗行》里加以实践和运用。从本质上而言，诗歌“魔法”的诱惑，不正是对宗教的亵渎吗？兰波一定这么自问过，他在手稿上这么写道：“所以诗人是遭天谴的。（Alors les poètes sont damnés.）”

2 魏尔伦在诗集《平行》（*Parallèlement*）里原封不动地用了这句诗：“……在草地舞会之后，/月光而此时钟楼正敲响十二点。”

3 手稿上还有“虚假的情感，虚假的祈祷”，所以那是“伪信”；尽管恐惧与痛苦交加，兰波依然很清醒。

焦味，我敢肯定。

幻觉丛生，历数不尽。我正是一向如此：不再相信历史，忘却原则。我将对此保持沉默：诗人和幻视者会嫉妒的。我比他们富足千倍，那就让我们悭吝如大海吧。[1]

啊！生命的时钟刚刚停下。我已不在世间。——神学是严肃的，地狱必定**在下**——而天堂在上。——迷醉，梦魇，睡意，在一个火焰之巢中。

专注于多少恶作剧，在乡野……撒旦，费尔迪南[2]，带着野种子奔跑……耶稣行走于红紫色荆棘上，而未使荆棘弯曲……耶稣行走于汹涌的水面。[3]我们看到他在提灯的光里，一身素白，棕色长发，站在碧波浪峰之上……

我要揭开所有的神秘：宗教或自然的神秘，死亡，诞

---

1 “悭吝（avare）如大海”，可能是来自兰波的阅读记忆：“贪婪的（avare）阿刻戎河（Achéron，位于希腊西北部的伊庇鲁斯地区，在希腊神话里是冥河的一条支流）毫不放过它的猎物。”［让·拉辛（Jean Racine），《费德尔》（*Phèdre*）第二场第五幕］但兰波在这里是用了“avare”一词的“节俭、悭吝”之意，与前面的“富足”（riche）连用。这一段让人想到“通灵人”进入迷幻状态的方法。

2 据德拉艾说，费尔迪南（Ferdinand）是亚登地区的弗兹耶（Vouziers）农民给魔鬼取的名字。这一段确实充满幻觉。

3 就像在《福音散篇》里一样，兰波在这里想起了《若望福音》（6:16–20）里的情景：门徒们来到海边，天黑了，耶稣还没来，海上起了大风，海面翻腾，当他们摇橹的时候，“看见耶稣在海面行走，临近了船，便害怕起来。但他却向他们说：‘是我，不要害怕！’”因为那时已天黑，所以“看到他在提灯的光里”。

生，未来，过去，宇宙起源，虚无。我是魔法幻影大师。[1]

听着！……

什么才能我都有！——这里没有人，仅有某个人：我不会散掉我的珍宝。——想听黑人之歌吗，想看艳女之舞[2]吗？要我消失吗，要我潜入水中寻找指环[3]吗？要吗？我将造出黄金，给出配方。

那么请你们信我吧，信仰减轻痛苦，指引道路，治愈疾病。所有人，来吧，——即便小孩也来——，我来安慰你们，把他的心分发给你们，——这奇妙的心！[4]——可怜的人，劳工！我不要求你们祈祷；只要有你们的信任，我就幸福了。

——来想想我吧。这一切并不怎么让我为世界感到惋

1 “魔法幻影”（fantasmagories）这个词表明了这种超自然的科学不过是一种伪科学，兰波否定了此种诱惑。

2 这里的“艳女”（houris）一词来自阿拉伯语，原意是“有着瞪羚般眼睛的美女”，1654年进入法语，意思成了“肉感、迷人的美女”；“艳女之舞”应泛指东方舞蹈（包括埃及至波斯的伊斯兰地区），也有英译者理解为“肚皮舞”。

3 可能暗指“尼伯龙根的指环”，它用莱茵河底的黄金打造而成，谁戴上它就可以统治世界。在瓦格纳（Richard Wagner）的歌剧《尼伯龙根的指环》的结尾，剧中人哈根（Hagen）试图到莱茵河的波涛中寻找指环。

4 此处到了魔王诱惑的顶峰：“恶天使”要成为上帝——他自比耶稣，以福音书的方式说话，尤其是让“小孩也来”，把心“分发”给人类。试比较《灵光集·神灵》中的句子：“他认得我们所有人，他爱我们所有人。”

惜。我很幸运，没有受更多苦。我的生命不过是数次甜蜜的疯狂，真遗憾。

叭！能想到什么鬼脸统统摆出来。

的确，我们在世界之外。[1]没有一丝声音。我的触觉已消失。啊！我的城堡，我的萨克森，我的柳林。[2]傍晚，清晨，黑夜，白昼……我厌倦了！

我应当有为我的愤怒而设的地狱，为我的骄傲而设的地狱，——还有爱抚的地狱；一曲地狱交响乐。

我累死了。这就是坟墓，我将委身于蛆虫，可怕而又可怕！撒旦，你这个滑稽戏演员，你想用你的魅力将我分解。[3]我抗议。我抗议！给我一柄长叉，给我一滴火焰。

啊！回到生活中！瞧一瞧我们的丑恶畸形。还有这毒药，这该诅咒一千次的吻！我的软弱，人世的残酷！我的

---

1 在《巴黎的忧郁》里，波德莱尔已有过类似的表达："无论何处，只要在世界之外。"在《地狱一季·谵妄（一）》里，兰波还写道："真正的生活并不存在。我们不在世界上。"但在此处，应该更准确地理解为：被罚下地狱的人将要失去生命，他不再有感知，正等着接受地狱里的另一种生活，这才是他被应许的生活。

2 萨克森，德国东部萨克森州。此处的"城堡""萨克森""柳林"并没有具体的指向，兰波似在最后回眸他内心的幻景。

3 这里的"撒旦"，是否还是指魏尔伦？就像在《灵光集·浪子》里"我以冷笑回答这位撒旦医师"，或者在《地狱一季》的序里"亲爱的撒旦，我求求您，不要怒目相视"；而此处的撒旦则带有某种"魅力"，但受罚之人拒绝任由撒旦"分解"：虽然痛苦，但依然是生活。

上帝，怜悯我，隐藏我，我撑不住了！——我被藏起来了而我没有被隐藏。

火在升腾，火卷起受罚的灵魂。

谵　妄

（一）

痴愚童女

地狱新郎[1]

我们来听听一个地狱伙伴的忏悔：

“哦，天界的新郎，我的主，请不要拒绝您最悲戚的

1　学界有一类观点认为，此篇显然写于与魏尔伦关系破裂之后。很明显，“痴愚童女”（Vierge folle）指魏尔伦，“地狱新郎”（Époux infernal）指兰波自己。“童女”与“新郎”应是对《玛窦福音》（25:1–13）的借用：“那时，天国好比十个童女，拿着自己的灯，出去迎接新郎。她们中五个是糊涂的，五个是明智的。”法语版*Evangile selon Matthieu*用的也正是“folles”一词（“Alors le royaume des cieux sera semblable à dix vierges qui, ayant pris leurs lampes, allèrent à la rencontre de l’époux. Cinq d’entre elles étaient folles, et cinq sages.”），故此处译作“痴愚童女”。而“地狱新郎”则与福音书中的“天国新郎”相对，就像此篇开头带有反讽意味的“天界的新郎”（divin Époux）。此篇向我们呈现出魏尔伦和兰波的双重性格和内心，也展现出了二人在伦敦的同居生活。魏尔伦的脆弱，正像他于1873年4月写给兰波的信中所展示的：“爱我，保护我并给我信任。我很脆弱，很需要善意相待”；而兰波对其“地狱伙伴”的蔑视，

（转下页）

侍女的忏悔。我已迷失。我醉了。[1]我是不洁的。怎样的生活啊！

“请宽恕，天界的主啊，请宽恕！啊！宽恕！多少泪水！还有多少泪水随后又来，我希望！

“而后，我就会认得这位天界新郎了！我生来就服从于他。——那人现在就可能会揍我！

“此时，我是在世界的深底！哦，我的女友们！……不，不是女友……从未有过这样的谵妄错乱，这样的痛苦折磨……蠢极了！

“啊！我痛，我哭。我真是痛啊。而我什么都做得出来，就连最受人鄙视的人心都鄙视我。

“不过，让我们说出真心话，即便还要重复二十次，——同样的沉闷，同样的琐碎。

“我是地狱新郎的奴隶，就是贻害了所有痴愚童女的

（接上页）
时而粗暴，时而温存，时而暴力相加，时而生出怜悯之情，都在此篇“忏悔”中展露无遗。虽然魏尔伦这篇“忏悔”实际上是兰波撰写，但我们从中可以看到，兰波是多么不被魏尔伦所理解，为了“改变生活”，他如此热衷于创造一个自己的世界，而他又是多么孤立无助。

1 这里的“醉”（soûle）似暗指魏尔伦经常酗酒，但这样的字面理解可能并不确切，此处更像指“痴愚童女”迷醉于激情与泪水中。可参看并比较下文出现的“下流小酒馆”“喝醉”“醉鬼”等处。

那个男人。[1]就是那个魔鬼。不是鬼，不是幽魂。而失去明智的我，被罚入地狱又死在世上，——谁也杀不死我！——怎么给你们描述他呢！我甚至话都不会说了。我满心哀伤，我哭泣，我害怕。主啊，给一点儿清新空气吧，如您愿意，如您乐意！

"我是寡妇……[2]——我曾是寡妇…… ——是啊，从前我很是正经，我不是生来为了变成骷髅白骨！…… ——那时他几乎还是个孩子……他迷人的体贴诱惑了我。我忘却身而为人的所有责任，就为了追随他。[3]怎样的生活啊！真正的生活并不存在。我们不在世界上。他去哪儿我就去哪儿，理当如此。而他经常对我发火，我啊，可怜的灵魂。魔鬼！——这是个魔鬼，你们知道，这不是个人。

"他说：'我不喜欢女人。爱情有待重新发明，谁都知道。女人就想要一个可靠的位置。[4]位置一旦得到，心与美

---

1 此处即暗指《玛窦福音》(25:1–13)中痴愚童女与明智童女的比喻：那些痴愚童女睡着了，当"新郎"来到的时候，她们的灯里没油了，无法进入婚宴；而明智童女随身带着油，便同"新郎"进去，共赴婚宴；那些痴愚童女去买了油回来，但门已经关上了。

2 在伦敦时，魏尔伦老是说起他的妻子玛蒂尔德被他毁了，经常悔恨和抱怨，可以想见兰波对此非常不满。

3 "他"显然指兰波。兰波的到来摧毁了魏尔伦一家，让魏尔伦忘记了作为丈夫和父亲的"所有责任"。

4 这种对女人的鄙视，在当时比较普遍，兰波和魏尔伦应该都有：兰波在《仁慈之姐妹》(*Les Sœurs de Charité*)一诗里写过"你并不是仁慈的姐妹"；而魏尔伦在《优哉游哉》(*Laeti et Errabundi*)里写道："您是否要原谅女性？/我可不要重见这些伴儿……"

就放到一旁：只剩下冷冰冰的轻蔑，如今，成了婚姻的养料。或者我看到有些女人，带着幸福的迹象，而我，我本来也可能与她们结为好友，但她们一上来就被敏感的野性吞没如同干柴遇到了烈火……'

“我听他直把无耻当作光荣，将残忍当成魅力。‘我属于一个遥远的种族：我的父辈是斯堪的纳维亚人：他们在肋旁穿孔，饮自己的血。——我要在全身打上洞，刺上文身，我要变得奇丑无比像个蒙古人：你看吧，我要到街上尖声号叫。[1]我要变成愤怒的疯子。不要给我看珠宝珍奇，我会趴在地毯上，扭成一团。我的财宝，我要将它们沾满血迹。我决不会去工作……[2]'好几个夜里，他那魔鬼缠住我，我们在地上打滚，我跟他对打！[3]——夜里，他常常喝醉，直挺挺站在街头或屋子里，可把我吓得要死。——'我的脖子真要被人砍了，那多恶心。'哦！那些白天他就想四处走动，带着犯罪的神色！

1　兰波在《坏血》里已经提及野蛮的高卢人祖先，现在则想象另一个蛮族斯堪的纳维亚人；至于蒙古人，这里可能是对魏尔伦丑陋相貌的暗讽。

2　兰波在这里再次表露对工作的厌恶，他在1871年5月13日写给伊藏巴尔的信里早已说过，在《坏血》里也写道：“我厌恶所有的职业……我永远不要我的手。”事实上，兰波和魏尔伦在伦敦并没怎么工作，尽管他们曾因为缺钱去教过法语课和拉丁文课。

3　两人的生活中充满暴力，魏尔伦后来也暗示过；这也是魏尔伦出走的原因。兰波在这里表现得像个真正的“着魔的人”。

“有些时候，他以一种动情的隐语，说起死亡如何让人懊悔不已，说起世上确实存在的穷苦人，说起繁重艰辛的劳作，以及撕心裂肺的别离。在我们经常喝醉的下流小酒馆里，他流着泪看我们周围的人如不幸的牲畜。他搀起阴暗街巷里的醉鬼。他的怜悯之心有如恶母怜悯小孩。——他举步向前，怀着小姑娘去领受教理那种殷切美意。——他假装通晓一切，商业，艺术，医学。——我追随着他，理当如此！

“他在想象中给自己周围布置的一切布景，我都看在眼里；衣装，床褥，家具：我借给他武器，另一副面容。我看见感动他的一切，仿佛是他有意为自己而创造。当他看上去精神倦怠，我呢，就会跟着他，走得很远，行为或好或坏，奇怪而又复杂：我确定自己从来没有进入过他的世界。躺在他沉睡的可爱身体旁，我整夜难眠，寻思着他为何要这般逃避现实。[1]从来没人有过同样的愿望。我意识到，——并非为他担忧——，他可能成为社会上一个严重

1　逃避现实和改变生活，这似是兰波在伦敦践行“通灵”（Voyance）的两个目标，这在1871年5月15日写给德莫尼的书信也早已表露：摆脱平庸的生存，通过对自身和“不可知”的探寻，将人性推向一个更好的未来。兰波的“灵启”（illuminisme）既是诗学的又是社会层面的。贝尔纳猜测伦敦产业工人的惨境很可能让兰波深受震动，就像让同一时期的卡尔·马克思（Karl Marx）深受震动一样。她觉得我们或许可以在兰波的“改变生活”（changer la vie）与马克思的“改造世界”（transformer le monde）之间发现某种相似性。

危害。——也许他掌握着**改变生活**的秘密？不是的，他只是在寻找，我常常这样反驳自己。[1]说到底，他的仁慈使人着迷，而我是他的仁慈的女囚。别的灵魂都没有足够的力量，——绝望的力量！——来忍受他的仁慈，——受他保护，被他所爱。而且，我没法用一个别的灵魂来形容他：人只看见自己的天使，永远看不见别人的天使，——我认为。我在他的灵魂里如同在一座宫殿里，宫殿已被清空，以免看到一个像您这样欠高贵的人[2]：就是这样。唉！我真是依赖他。但要我这样平庸又懦弱的人在，他又有何用？他没让我变得更好，如果说他没把我弄死！我又难过又气恼，有时我对他说：'我懂你。'他只是耸耸肩。

"就这样，我的忧愁一次次重生，绵绵不绝，而我看着自己在迷途中渐行渐远，——就像在所有本想将我定格的眼中，但愿我没有被所有人永远遗忘！——我对他的善意越来越如饥似渴。他的亲吻和他友情的搂抱，就是一个天堂，一个阴郁的天堂，[3]我走进去，我真想就留在那

---

1 "痴愚童女"此处的自问自答，判定兰波施展的"魔法"无效：无论在诗歌方面，还是在社会层面，"他只是在寻找"。

2 兰波在此处可能想起了波德莱尔《倾谈》中的诗句："我的心像座宫殿被人群糟践；/他们酗酒、残杀，互相揪着头发！"这第二句让人想到"痴愚童女"前面的叙说。

3 "阴郁的天堂"让人想到对立面的地狱，因为"真正的生活并不存在"，这种奇怪的生活具有双重性，既有地狱又有天堂的气息。试比较下文将出现的"悲伤天堂"。

里，可怜，聋哑，眼瞎。这我已经习惯了。我看我们就像两个善良的孩子，自由自在地漫步于悲伤天堂。我们彼此默契。内心深受感动，我们一起劳作。然而，在一次透心彻骨的爱抚之后，他说：'当我不在这里了，你所经历的一切会让你觉得可笑。那时，你的颈脖下再没有我的手臂，也没有我的心供你休憩，你的眼睛上也不再有这片嘴唇。因为我终将离开，总有一天，我得远走。我必须去帮助其他人：这是我的责任。[1]尽管这说不上诱人……，亲爱的灵魂……'我立即就感觉他要走，只觉天旋地转，陷入最可怕的阴影：死亡。我让他许诺不会抛下我。他许诺了二十次，这情人的诺言。这都是空话，就像我对他说：'我懂你。'

"啊！我从来没有嫉妒过他。他不会离开我，我这么想。他会做什么？他谁都不认识[2]；他从来不会工作。他就想梦游一般活着。就凭他的善意和他的仁慈，能给他在这个真实世界上生存的权利？有些时候，我忘记了坠入其

---

1 在这里，兰波像是在梦想着一种更具体的使命：或是社会层面的"灵启"（改造世界），或是基督教义层面的"仁慈"，参见下文："他就想梦游一般活着。就凭他的善意和他的仁慈，能给他在这个真实世界上生存的权利？"

2 这句里的"认识"（connaissance）可能指兰波在这座城市里谁都不认识，也可能指他不懂任何工作技能（尤其可能指他对英语的认知，兰波的英语比较差）。

中的悲惨境地：他会使我坚强起来，我们将一起旅行，我们在沙漠里狩猎，我们在陌生城市的街石板上睡觉，无忧无虑。而当我醒来，法律和风俗已经改变，——亏得有他的魔力，——世界，依然如故，留给我欲望和欢乐，漫不经心。哦！我如此痛苦，作为报偿，你要给我孩子的书里才有的历险生活？[1] 他不能。我对他的理想一无所知。他告诉我他的遗憾，他的希冀：这都与我无关。他是在跟上帝说话吗？或许我该呼告上帝？我在深渊之底，我都不会祈祷了。

"如果他向我解释他的悲伤，比起他的嘲讽，我是否会懂得更多？他攻击我，一连几个时辰，他把这世上曾触动我的一切都拿来羞辱我，若是我哭，他就雷霆大怒。

"'你看这个优雅的年轻人，正走进那所漂亮宁静的屋子：他叫迪瓦尔、杜弗尔、阿尔芒、莫里斯，我怎么知道？[2] 有个女人曾倾其一生爱这个坏蛋白痴：她死了，现在，肯定成了天上的圣女。你会弄死我，就像他弄死那个女人。

---

1 这里让人想到兰波的童年阅读，如梅恩·里德（Mayne Reid）的《沙漠的居民》或其他历险故事；而魏尔伦在《优哉游哉》里也写道："我们美妙的好奇心/吞食了所有地图册……"

2 兰波很可能想起了《茶花女》中的人物，玛格丽特的情人阿尔芒·迪瓦尔；据考，1873年6月，根据小仲马（Dumas fils）的《茶花女》改编的同名戏剧正在伦敦上演，兰波和魏尔伦非常有可能去观看过。

这是我们的命，这命属于我们，仁慈的心……’唉！有些日子里，所有行动的人在他看来都是荒唐谵妄的玩偶：他大笑不止，可怕极了。——而后，他的举止又像个年轻母亲，或钟爱的姐妹。若他不是这般野蛮，我们还能得救！但是他的柔情一样致命。[1] 我服从于他。——啊！我真是疯了！

“也许有一天，他会奇迹般地消失；如果他登上某一片天[2]，一定得让我知道，我也好看一眼我亲爱的恋人得道升天！”

一对奇怪的伉俪！

---

1 魏尔伦后来在《今日人物》（*Les Hommes d'Aujourd'hui*，1888年）里写道：“某种柔情伴随微笑闪过那双清澈而残忍的蓝眼睛和那张倔强的红嘴巴继而爆出苦涩的笑声。”

2 对于一个“地狱伙伴”而言，“登天”显得有些奇怪；不过魏尔伦在《献诗集》（*Dédicaces*，1889年）里这样描述了他的朋友：“致命的天使和魔鬼，这就是兰波……”

谵　妄

（二）

言语炼金术[1]

该我了。且听我种种疯狂故事中的一个。

很久以来，我自诩深谙所有可能存在的风景，我认为绘画和现代诗的那些名作都不值一提。[2]

1　这段“通灵”时期被兰波称作“种种疯狂故事中的一个”，无疑始自1871年5月15日给德莫尼那封书信。1872年初兰波创作了《元音》(“我发明了元音的色彩”);《最后的诗行》中那些诗，大部分创作于1872年5月，只有《饥饿之节日》创作于1872年8月。“一个月的操练。我的健康受损”，兰波在草稿上这么写道，这一个月很可能暗指1872年5月。这段危机时刻之后，兰波大概很快放弃了“神秘”倾向和韵诗；他在《谵妄(二)》草稿上写道：“现在我可以说：艺术是一件蠢事。”因为艺术总是“风格古怪”，寻求乐感，这一切研究都是为了将“无法表达的”记录下来，将“种种眩晕”固定下来。

2　兰波在1871年给德莫尼的书信里评论了各流派诗人和诗歌，而后推举波德莱尔为“第一位通灵人，诗人之王，一位真神”；接着，他评价道：“但他曾生活在过于艺术性的环境里，而他如此受人称道的形式也平庸无奇：

（转下页）

我喜爱愚拙的画，门头饰贴，舞台布景，江湖艺人的幕布，招牌，民间彩画[1]；过时的文学，教会的拉丁文，错字连篇的淫书，祖母辈的小说，童话，小人书，老唱本，傻气的小调，幼稚的节拍。[2]

我梦想过十字军远征，从无记载过的发现之旅，没有历史的共和国，被扑灭的宗教战争，风俗革命，种族和大陆的迁徙：我曾相信所有神奇魔力。[3]

（接上页）

不可知的发明要求新的形式。”至于绘画，方坦-拉图尔（Henri Fantin-Latour，1836—1904年）于1872年1月画过著名的《餐桌一角》（*Un Coin de Table*），兰波和魏尔伦等共八位诗人出现在画中；此外，兰波和魏尔伦在伦敦欣赏过印象画派的作品，魏尔伦在1872年12月写给勒佩勒捷（Lepelletier）的信里杂乱地提及莫奈（Monet）、马奈（Manet）、阿尔皮涅（Harpignies）、雷诺阿（Renoir）等人，彼时这些画家尚未大名鼎鼎。

1 民间彩画（enluminures populaires），应该跟英语词“illuminations”没什么关系（兰波后来借用了“illuminations”这个英语词将他的散文诗结集在一起，引出了后人两种不同解释和翻译：一曰“彩画集”或“彩图集”，一曰“灵光集”或“灵启集”。但兰波并不熟稔英语，对语言相似性的好奇和新鲜感很可能让他产生赋予该词新意的意图，故译作“灵光集”或许更合适）。兰波在这里可能想到了埃皮纳勒图画（les images d'Épinal），就像他1870年10月写的诗《萨尔布吕肯大捷》（*L'Éclatante Victoire de Sarrebrück*），许多关于这次战役的彩画当时流传甚广。埃皮纳勒图画是一种民间版画，色彩浓烈，早先由沿街报贩叫卖。

2 兰波在此似乎要追溯诗歌的民间起源和古代脉络，同时提前宣告了超现实主义的诞生，可比照艾吕雅《无意而为的诗》（*Poésie Involontaire*）。

3 这一段的主题让人想到《坏血》。兰波寻找着空间与时间中某种变迁，更有波德莱尔《邀游》（*Voyage*）一诗中的“不可知”（l'inconnu）：这是怎样一种“神奇魔力”？

我发明了元音的色彩！——A黑，E白，I红，O蓝，U绿。——我调整了每个辅音的形态和运行，并且，我自认为以本能的节奏发明了一种诗性语言，迟早有一天，这种语言可通达所有感官。[1]只有我能翻译它。

这首先是一项研究。[2]我写下寂静，写下黑夜，那无法表达的，我记录下来。那种种眩晕，我固定下来。

远离了飞鸟，畜群，村姑，
我喝什么？跪在这石楠丛中
周遭是温柔的榛树林，
弥漫着午后温热的苍雾。

这年轻的瓦兹河能让我喝到什么，
——榆树无声，草地无花，天空沉闷！——

1 兰波在这里指出，他对元音的色彩设定（《元音》）和对辅音的安置（“形态”指向视觉，“运行”指向听觉）并非随意为之，“言语炼金术”有着一种“本能的节奏”。兰波在1871年5月15日给德莫尼的信里写道：“这种语言将从灵魂通达灵魂，概述一切，芳香、声音、色彩，思想与思想相互勾连，并引出思想。”当然，这种诗性语言只有他自己能够转述，即“翻译”。

2 这里的“首先”让人想到还有接下来的步骤：“而后”“最终”。兰波在前文暗指了《元音》，这首韵诗可能写于1872年初到巴黎时；接下来，他引用了1872年5月及之后写的其他诗，这些收入《最后的诗行》的诗被他称作“歌”。

用黄葫芦喝，远离我亲爱的茅屋？
某种金汁让人热汗涔涔。

我如同一块可疑的客栈招牌。
——风暴席卷天空。傍晚
林间溪水消失在纯净的沙滩上，
上帝之风将阵阵冰雹投进水塘；

泪流不止，我看见黄金——却不能一饮。——[1]

清晨四点钟，夏季，
爱之困意还在延续。
小树林下蒸发着
　寻欢之夜的气息。

那边，在他们宽阔的工地上
在赫斯珀里得斯的太阳下，

1　这首诗在《最后的诗行》里标题为《泪》，兰波做了多处改动：比如第一节第二句，原是“我蹲在石楠丛中畅饮”，“跪”比“蹲”更贴切、形象；再如第二节第三句，兰波删去了“芋形葫芦”（colocase）这个有些怪的词，代之以“黄葫芦”；而在诗的末尾，兰波加了一句：“泪流不止，我看见黄金——却不能一饮。——”给这首诗增加了某种悲剧色彩。

已经开工了——木工们——
　卷起了袖子。

在他们泡沫般的沙漠里，
默默打制精美的护壁板
　　护壁板上
　城市将漆绘虚假的天空。

哦，为了这些可爱的工人
巴比伦国王的臣民，
维纳斯！离开一下这些恋人，
　他们的灵魂戴着花冠。

　哦，牧羊人的女王！
给工人送来烈酒吧，
愿他们的力量平息
等待正午到海里沐浴。[1]

诗歌的旧辞古意[2]在我的言语炼金术中占有重要地位。

1　对比《晨思》，这首只做了少许改动。

2　“诗歌的旧辞古意”（la vieillerie poétique）更多指上一首诗，而非接下来的段落。

我习惯了单纯的幻觉：在工厂的位置，我清晰地看见一座清真寺，天使们组成的鼓乐队，天空的大道上一辆辆四轮马车，湖底下有间客厅；[1] 妖魔鬼怪，种种神秘；一出滑稽剧的标题在我面前耸起恐怖景象。[2]

而后，我用词语的幻觉解释我具有魔力的诡辩！[3]

最终我发现我的精神紊乱是如此神圣。我悠游懒散，受着热病的折磨：我羡慕动物的至福，——毛虫，表现出灵薄狱之无邪，鼹鼠，则是童贞之睡眠！[4]

我的性格变得尖酸乖戾。我在某类抒情曲中向人世告别：[5]

---

1 试比较《灵光集》中："有一座下沉的教堂和一面上升的湖"（《童年》），"有人在水塘底玩牌"（《历史性夜晚》）。

2 有人认为这出滑稽戏是指欧仁·斯克里伯（Eugène Scribe，1791—1861年）的《米歇尔与克里斯蒂娜》（*Michel et Christine*），兰波在1872年写过一首同题诗，见《最后的诗行》。

3 "词语的幻觉"（l'hallucination des mots）可能指词语本身会带给人幻觉，就像《米歇尔与克里斯蒂娜》这首诗的最后一句，"米歇尔与克里斯蒂娜，——基督！——牧歌终了"，从"克里斯蒂娜"（Christine）到"基督"（Christ），但"具有魔力的诡辩"（mes sophismes magiques）又是指什么呢？

4 兰波可能看过中世纪的动物寓言集或讲述动物象征的秘术著作；在草稿上，他还写了"浪漫的蜘蛛""臭虫，棕色人"等难解的词。

5 这首诗做了很大改动，让人好奇的是，兰波删去了原诗中"向人世告别"的一节："我自思量：放下，/便无人见你身影：/也不要去许诺/那无上的欢情。/什么也不能阻挡，/你庄严的退隐。"此外，他还将"啊！愿时光重来/好心心相印"改成"愿它重来，愿它重来，/我们迷恋的时光"，并删去了很可能暗指魏尔伦的"啊！千百次鳏居"一节。据此，学界一般认为此篇写于布鲁塞尔悲剧事件之后。

最高塔之歌

愿它重来，愿它重来，
我们迷恋的时光。

我曾如此耐心
而今彻底忘却。
忧愁和痛苦
飞去云霄外。
而污秽的渴意
染黑我的血脉。

愿它重来，愿它重来，
我们迷恋的时光。

有如那草场
交付给遗忘，
延展，开花
有乳香和黑麦草，
凶残的嗡鸣声

是肮脏的蝇群。[1]

愿它重来，愿它重来，

我们迷恋的时光。

我曾热爱沙漠，焚毁的果园，破败的店铺，温热的酒水。我步履艰难地走在发臭的街巷，双目紧闭，将自己交付给太阳，火之神。[2]

“将军，如果你的断壁残堞上还留有一尊旧炮，就用干土块朝我们轰过来吧。炮轰华丽商店的玻璃窗！炮轰那些客厅！让全城吞食灰尘。让排水管氧化生锈。让闺房都充满灼热的红宝石粉屑……”[3]

---

1 兰波将“Au bourdon farouche / De cent sales mouches（凶残的嗡鸣声/是成百的脏苍蝇）”改成了“Au bourdon farouche / Des sales mouches（凶残的嗡鸣声/是肮脏的蝇群）”，导致诗句音节出现错误；即便他是凭记忆引用，只要他愿意，要写一句正确的韵诗并非难事，这里的疏忽更像是出于他的不羁。同样情况出现在后文引用的《永恒》中：“你的热忱/就是职责。”

2 兰波是太阳的崇拜者，参看《灵光集·浪子》中：“事实上，我满怀精神的赤诚，力图将他带回到太阳之子的原始状态。”

3 这一段用了引号，像冒出另一个声音，表现出诗人的谵妄状态。“将军”“炮”以及“干土块”，可能是对1870年战争的记忆，但兰波在此用来表现太阳下的干燥与灰尘；排水管生锈，即没有供水，闺房充满灼热的红宝石粉屑，即令人窒息的炎热，都是为了表现烈日造成的效果。如果说这一段用了引号，像是一个内心的声音发出迷狂的喊叫，那么下一段，“小飞虫”“客栈的小便池”，则突然间带来现实感，特别是在“红宝石粉屑”这句之后。

哦！小飞虫陶醉于客栈的小便池，钟爱琉璃苣，来一道光驱散吧！

饥　饿[1]

若我有胃口，只想吃
泥土和石头。
午餐我一直在吃空气，
吃岩石，吃煤，吃铁。

我的饥饿，转过身吧。嚼吧，饥饿，
　这麸糠的草地。
从牵牛花丛中
　吮吸快乐的毒汁；

来吃打碎的石子，
教堂古老的石块；
古老洪水的鹅卵石，
像面包播种在灰色山谷。

1　兰波只选取了原诗的一部分，尤其是删去了开头和结尾部分“傻气的小调”（对照《最后的诗行》中《饥饿之节日》）；此外，他还将“睡在灰色山谷里的面包”改成了“像面包播种在灰色山谷”。

狼在叶丛下嗥叫
吞吃了家禽
吐出美丽羽毛：
如同它，我也在空耗。

生菜，水果
只等待去采摘；
篱笆上的蜘蛛
只吃堇菜。

愿我入睡！愿我烹煮
在所罗门的祭坛。
汤汁流经铁锈，
融入克德龙溪。

终于，哦，幸福，哦，理性，我从天空分出蔚蓝，天空本是一片乌黑，而我活过，如同自然之光的金色火花。[1]

---

1 天空，蓝、黑、金等元素，可参看凡·高《群鸦下的麦田》(1890年)。“幸福”和“理性”如何并存，又如何分开，而后一句中的“欢乐”，是否指二者的相融？如果“幸福”是蓝色，“理性”是黑色，而“欢乐”是金色呢？或许应该将这段和接下来引用的诗里出现的意象及色彩联系起来。跟《永恒》原诗对比，兰波只做了少许改动。

对于欢乐，我采用一种尽可能滑稽与迷狂的表达：

她又找到了！
什么？永恒。
这就是大海
　融于太阳。

我永恒的灵魂，
观察你的心愿
尽管只有黑夜
而白昼如烈火。

于是你舍弃
众人的赞誉，
普遍的激奋！
超脱于凡尘……

——从来没有希望。
　没有新生。
科学与耐心，
苦刑当确定。

再没有明天，
锦缎般的火炭，
　　你的热忱
　　就是职责。

她又找到了！
——什么？——永恒。
这就是大海
　融于太阳。

我变成了一幕恢宏神奇的歌剧：我看见所有生物都注定为幸福而丧命：行动不是生活，而是一种糟蹋力量的方式，一种神经紧张。道德是头脑的弱点。[1]

每一个生命，在我看来都与别的生命有关联。[2]这位先生不知自己所为：他是个天使。这个家庭其实是一窝狗。

1　下文将出现："幸福是我的厄运，我的悔恨，我的蛀虫。"兰波在这里似乎是在为一种享乐主义辩护，他认为人（作为人的兰波）生来是为幸福而活，反对基督教的赎罪以及社会责任的严苛和道德的清规戒律。但我们也看到，作为写《地狱一季》的兰波，他怀着巨大而隐秘的绝望，他自认为是受罚之人："我是被彩虹罚下地狱的。"

2　在"通灵人书信"里，兰波曾说："我是另一个。（JE est un autre.）"

在几个人面前，有一阵，我以他们别的生命中的一个高声交谈。——就是这样，我爱上了一头猪。[1]

哪一次为疯狂诡辩，——这疯狂被人们封闭着，——我都没有忘记：我可以一遍遍尽数道来，这一套我驾轻就熟。

我的健康受到威胁。[2]恐惧来临。我倒下沉睡多日，一起来，又继续做那些最悲伤的梦。[3]死就在旦夕之间，而沿着一条充满危险的道路，我的虚弱将我带到世界和西梅里的边缘，那阴影与旋风之乡。[4]

我不得不远行，驱散我头脑中聚集的巫魔。在海上，仿佛我爱的海可以洗尽我些许污秽，我看见升起了慰藉人心的十字架。我是被彩虹罚下地狱的。[5]幸福是我的厄运，

1 这句话很可能暗指魏尔伦，明显带有侮辱性；但兰波也可能受到毕达哥拉斯的灵魂转世说影响（“每一个生命，在我看来都与别的生命有关联”）：在《爱的沙漠》里，仆人是“一只小狗”；在《灵光集·波顿》中，“我曾是一只紫色牙龈的巨熊”，“我奔到田野里，像一头驴”。

2 兰波在草稿上说“一个月的操练”，显然，这种“打乱所有感官”是诗人自愿采用的方法。

3 草稿显示，兰波本来还想在这里引用《记忆》，原诗见《最后的诗行》。

4 这一句很著名，句子的意思和节奏同时兼顾。西梅里（Cimmérie）是传说中一个弥漫着雾水和乌云的国度，是亡灵之地，位于世界尽头，古希腊诗人荷马将它放在西方，尤利西斯就是在那里召唤死者的身影。

5 草稿显示，“慰藉人心的”（consolatrice）取代了原来的“令人快慰的”（consolante），前者显然在听觉上更悦耳。“十字架”和“彩虹”都象征基督教，兰波自认被基督教罚下了地狱，参见《地狱之夜》中：“我是我洗礼的奴隶。”

我的悔恨，我的蛀虫：我的生命总是过于寥廓，无法奉献给力与美。

幸福！它的牙齿，对死亡是温柔的，以雄鸡报晓提醒我，——早晨，基督降临，[1]——在那些最昏暗的城市：

哦季节，哦城堡！
哪个灵魂全无过错？

我对幸福做过神奇的
研究，无人能参透。

向幸福致敬，每一次
当高卢雄鸡啼鸣。

啊！我已无欲无求：
生命交托它去背负。

1 原文为拉丁文“*ad matutinum, au Christus venit*”，暗指主日弥撒。《圣经·新约》里，伯多禄（彼得）在鸡叫之前三次不认主，故“雄鸡报晓”很像在暗示对基督教的背弃，参看下面引用的诗里：“向幸福致敬，每一次/当高卢雄鸡啼鸣。”此外，兰波在1872年6月写给德拉艾的信里这样表达他在破晓时分的陶醉：“这无法言说的最初之晨。”

这魔力攫取灵与肉
并将驱散一切事功。

哦季节，哦城堡！

它飞逝之时，唉！
即是死亡之时。

哦季节，哦城堡！

这都已成过往。如今我懂得向美致意。[1]

1 在草稿上，兰波这样写道："我现在痛恨神秘的冲动和风格的古怪。现在我可以说：艺术是一件蠢事。"但兰波并非向文学告别，而是向"某种形式的文学"告别，就像他列举的这些"最后的诗行"，更确切地说，是向魏尔伦式的诗歌告别，也是向韵诗这样一种纯粹形式上的"艺术"告别。

不可能

啊！我的童年生活，任何天气下都是大道一条，超自然的质朴，比最好的乞丐还要无欲无求，为无乡又无友而自豪，这有多蠢啊。[1]——而我现在才意识到！

——我有理由鄙夷这帮正人君子，他们不曾错过一次抚摸的机会，这些寄生虫附在女人的洁净和健康上，我们的女人，而今她们于我们就如同异类。

我有理由蔑视这一切：因我将远走高飞！

我将远走高飞！

我来解释一下。

昨天我还在叹气："上苍！我们被罚到此间也够遭罪了！我嘛，我与他们为伍历时已久！我认得他们所有人。我们一向彼此了解；我们又彼此厌恶。我们对仁慈一无所知。但我们是识礼的；我们跟世人的关系恰如其分。"惊讶

1　这句带着反讽意味：在所谓"正人君子"眼里，质朴和无欲无求都是愚蠢的。兰波在巴黎多次参加过魏尔伦那些朋友的聚会，这里可能影射这些人。

吗？世人！这些商人，这些愚人！——我们并未蒙羞。——但那些被选中的人[1]，他们要如何接待我们？有易怒而快活的人，有伪选民，既然我们须有胆量或谦卑才能接近他们。这些人是唯一的选民。这些人可不会祝福别人！

我刚找回那两文钱的理性——很快就过去！——我看到我的烦恼都来自没尽早认识到我们身处西方。[2]西方沼泽地！并非我觉得光线已变质，形式已陈旧，行动已迷失……好了！这不，我的精神绝对愿意担负起自东方没落以来精神所遭受的一切残酷发展。我的精神，它愿意如此！

……我两文钱的理性结束了！——精神得以掌控，它要我留在西方。为了做个了结，就像我一向期望的，必须让它沉默。

殉道者的荣耀，艺术的光芒，发明家的骄傲，掠夺者的激狂，我一向送它们见鬼去；[3]我回到东方，回到原初的智慧，永恒的智慧。——现在看来这是混沌慵懒大梦一场！

---

1 本指上帝的选民，此处与之前的“被罚”相对应，但此处也有“伪选民”之意，指那些“易怒而快活的人”：有钱有势的人。这种愤恨的口吻应该跟兰波在巴黎受到羞辱的经历有关。

2 这一主题在《坏血》中已有表述：兰波憎恶西方文明及其“伪选民”，这是一片愚蠢的“沼泽地”。

3 象征着兰波所厌恶的基督宗教、西方艺术、科学进步和工业发展，最后是掠夺者的“激狂”（与东方的安详宁静相反）。

不过，我也没想过欣然逃避现代的痛苦。我并未看重《古兰经》里那种折中的智慧。[1]——但是，自从基督教这门科学宣告以来，人就在**自欺**[2]，证明种种显而易见的事，重复这些证明自鸣得意，就这样活着，这难道不是一种真正的酷刑！这是细微又愚蠢的折磨；这就是我的精神散漫迷乱的根源。或许连大自然也烦了！普鲁多姆先生[3]是与基督一同降生的。

难道不正是因为我们培育着迷雾！[4]我们吞食着热病，还有水分多的菜蔬。还有酗酒！还有烟草！还有无知！还有尽忠！——这一切离原初故国东方的智慧思想够远了吧？既然发明了这么多毒药，为什么还弄出一个现代世界！

---

1 “《古兰经》里那种折中的智慧”与上一段里的“慵懒”相关联，跟东方的宿命观念有关。

2 这里的意思不是很清晰：似乎在说基督教是科学的一种宣告？联系上文，或者更该理解为科学宣告了东方之梦是“混沌慵懒大梦一场”，自此人就在基督教里自欺自愚？

3 莫尼埃（Henry Monnier，1799—1877年）的讽刺漫画书《约瑟夫·普鲁多姆先生的回忆》（1857年）中的人物，身材肥胖，因循守旧，一本正经而又愚蠢不堪，巴尔扎克称之为“巴黎资产者的典型形象”。魏尔伦的诗集《伤感诗篇》（*Poèmes Saturniens*）中有一首诗《普鲁多姆先生》就是受其启发而作，兰波在《致音乐》一诗中也想象了这个人物。

4 “迷雾”（就如同“沼泽”）相对于东方的阳光；兰波崇拜太阳，《灵光集》中写过“太阳之子的原始状态”（《浪子》）。

教会人士会说：理解。但您说的是伊甸园。[1] 东方民族的历史与您丝毫不相干。——确实如此；我梦想的就是伊甸园！古代种族的那种纯洁，对我的梦又能怎样！

哲学家会说：世界没有年纪。人类迁徙，仅此而已。您在西方，但可以自由地去您的东方居住，要多古老有多古老，——去那里安居吧。不要做个失败者。哲学家，你们属于你们的西方。[2]

我的精神，小心警惕。不要向着拯救狂奔。磨炼你自己！——啊！科学对我们来说走得还不够快！

——但我发觉我的精神已沉沉入睡。

如果我的精神此刻苏醒过来，我们就会立刻抵达真实，也许真相正率领哭泣的天使环绕着我们！[3] …… ——如果我的精神此刻开始醒来，那就是说我没有屈从于毒害身心的本能，在一个久远得无从追忆的年代！ …… ——如果我的精神一直保持清醒，我一定会在智慧之海上

1 这是兰波追寻的一个失落的乐园，也就是原初的“无知”，他的梦想甚至比历史更为古老，比东方更为深沉，比往昔更为永恒。“对我的梦又能怎样”是说：对我的梦来说，这还远远不够。

2 哲学家崇尚实用主义，看问题过于简单化。兰波在此处予以了反击。

3 在结尾这几段里，这次兰波是在控诉他自己，因为他曾拒绝看见真相，他已沉沉入睡，也因为他屈从于“毒害身心的本能”，和一个“无从追忆的年代”（应该指和魏尔伦一起的生活）：他现在已失去了青春时期伊甸园般的纯洁。

航行！……

哦，纯洁！纯洁！

这片刻的清醒给了我关于纯洁的异象！——人通过精神走向上帝！

真是撕心裂肺的不幸！

闪　光

人类的劳作！这就是时不时来照亮我深渊的爆炸。[1]

“一切皆非虚空[2]；向着科学，前进！”现代传道士，也就是*所有人*，呼喊着。然而，恶人和懒汉的尸身落到其他人的心头……啊！快，快点儿；那儿，越过黑夜，是未来的奖赏，永恒的奖赏……我们要错失吗？……

——我能做什么？我懂得劳作；而科学过于缓慢。[3]祈祷声飞驰而光在咆哮……我看得一清二楚。这太简单了，而且天太热了；你们自便，无须管我。我有我的分内事，我会像诸多人那样以此为豪，将之弃置一旁。

我的生命已耗尽。好吧！装疯卖傻，游手好闲，哦，真可怜！而我们就这么活着，自娱自乐，梦想骇人的爱情

1　“人类的劳作”对兰波看似一种得到拯救的希望，然而他很快就醒悟过来。在巴黎公社时期，兰波曾感觉到自己是工人的兄弟。

2　对应于《圣经·传道书》中那句著名的“一切都是虚空”。但这种行动的冲动并不能解决根本问题：死亡和受罚，“恶人和懒汉的尸身落到其他人的心头”。

3　兰波对缓慢又繁重的努力失去耐心；后一句“祈祷声飞驰而光在咆哮”尤其能体现这种不耐烦。

和奇异的天地，满腹牢骚，为世界的多重表象吵吵闹闹，街头艺人，乞丐，艺术家，强盗，——教士！[1]在我的病床上，乳香的气味来得如此浓烈；神圣香料的看护人，忏悔者，殉道者……

我从中认识到我那肮脏的童年教育。那又如何！……走过二十年，如果别人也要走二十年……[2]

不！不！眼下我正在反抗死亡！对我的骄傲而言，劳作显得过于轻盈：我对世界的背叛是过于短暂的酷刑。到最后一刻，我将左右出击……[3]

那么，——哦！——亲爱的可怜灵魂，永恒不会遗落下我们吧！[4]

---

1 双重的讥讽：教士被视同街头艺人、乞丐和强盗，而兰波自己则“梦想骇人的爱情和奇异的天地”——不可知的诱惑在这里转向了嘲弄。

2 兰波希望自己再有二十年来活，而他没能做到。他死于1891年，没能活到四十岁。

3 对死亡的反抗，对二十年大限的反抗，但这种反抗对他来说要冒失去“永恒”的风险。

4 兰波在对自己说话，或者还隐含着对魏尔伦的挖苦，“可怜的灵魂”“亲爱的灵魂”都是地狱新郎对痴愚童女的称呼。

清 晨

我不也有过**一回**，可珍可爱的青春，壮美神奇的青春，可写在金叶上的青春，——太幸运了！[1] 因了怎样的罪孽，因了怎样的过错，我就活该现在这般软弱？你们声称野兽哀嚎，病人绝望，死者做着噩梦，那你们倒说说我的堕落和我的睡意。[2] 我嘛，我不比喋喋不休**彼得和马利亚**的乞丐更能解释我自己。**我都不知怎么说话了！**[3]

然而，今天，我想我已结束了跟地狱的关系。那确曾是地狱；古老的地狱，是人之子开启了地狱之门。[4]

同一片沙漠，同一个夜，我慵倦的双眼总是在银星下

---

1 兰波感觉到他的童年已是如此之远，以至于搞不清他的回忆是否真实；“一回”（une fois）在原文中以斜体表示出来，与“现在这般软弱”形成对应关系。

2 与《不可能》中的主题相同：“但我发觉我的精神已沉沉入睡。”这里更暗示做着噩梦。

3 这种“无法交流”的状态时或发生在兰波身上，《谵妄（一）》中，痴愚童女就说过：“我甚至话都不会说了。”兰波背负着一种独特的命运，孤绝与寂寥，又经历精神危机，加重了这种失语。

4 “人之子”，即《圣经》里的耶稣基督，他将人从原罪的诅咒中解脱出来；“开启了地狱之门”，结合下一段理解，这里显然不是暗示回归基督教。

醒来，总是这样，而生命之王，那三圣人，心、灵魂、精神，却不为所动。我们何时出发，越过海滩和山峦，前去致候新的劳作，新的智慧，还有暴君和魔鬼的逃亡，以及迷信的终结，去崇拜——作为第一批人！——大地上的圣诞！[1]

诸天的歌声，人民的步伐！奴隶们，我们不要诅咒生活。[2]

1 这一整段都以圣诞作为象征。沙漠的夜里，牧羊人看到那颗指引他们走去马槽的星星，三圣人变成了指引生活的三种力量：心、灵魂、精神。牧羊人跟随星星，意味着前去致候一个新时代，但并非人们通常以为的基督教（“迷信的终结”）。“新的劳作”“新的智慧”，这种未来的图景和现实更像是社会主义，是1870年的工人们所渴望的黄金时代。

2 联系上文，这最后一句可以理解为：虽然我们还是当下社会条件下的奴隶，但我们不要失去对灿烂未来的希望，那时将是人民的步伐引领我们前进。

永　别*

已经秋天了！——但何必惋惜一个永恒的太阳，既然我们决意要去发现神圣之光，——远离死于季节嬗替的人。[1]

秋天。我们的航船升高在凝滞的迷雾中转向苦难之港，那是沾染了火和污泥的天空下巨大的都城。[2]啊！衣衫褴褛，面包被雨水浸透，酒醉，把我钉上十字架的千般情爱！这吞食千百万灵魂和死尸的鬼女王[3]，她绝不会就此罢休，*而且这些灵魂还要接受审判！*我又看见我被污秽和瘟

* 本篇的题目“永别”常被认为是兰波对文学的最后告别，但贝尔纳认为这存在着误解。她认为此处应该理解为兰波是在向他的“魔法诱惑”、《谵妄（二）》里引用的韵诗的形式或者还包括“通灵”时期写的某些散文作品告别；同时，作为《地狱一季》的终篇，兰波在最后一段很谨慎地用了“女人的地狱”（l’enfer des femmes），来跟魏尔伦告别。

1 “季节嬗替”说明兰波已经结束了他的“地狱”，他希望找到的“光”不是季节性的，而是永恒的、神圣的。

2 “迷雾”“苦难”“沾染了火和污泥的天空”，都是对伦敦的记忆。正如《坏血》中：“在城里，我突然看见污泥都呈红黑色”；《灵光集・童年》中：“泥浆或红或黑。魔怪城市，无尽的夜！”

3 “鬼女王”（goule reine）是指“巨大的都城”，或是指宗教（统治着千百万要被审判的灵魂和死尸）？或者只是指死亡本身？兰波憧憬着永恒，反抗必死的命运。

疫侵蚀的皮肤，头发和腋窝长满蛆虫，心里长了更肥硕的蛆，躺在不分年龄、毫无情感的陌生人中间……[1]我差点儿就死在那里了……可怕的回忆！我憎恶贫穷。

我害怕冬天，因为那是安逸的季节！[2]

——有几次我看到天空中无垠的沙滩满布欢腾的白色国度。一艘金色大船，在我上空，晨风中飘扬着彩旗。我创造了所有的节日，所有的胜利，所有的戏剧。我曾试图发明新的花卉，新的星辰，新的肉身，新的语言。我自认为获得了超自然的魔力。[3]嗯，好吧！我必须埋葬我的想象和记忆！艺术家和说故事人的美妙荣耀已被剥夺！[4]

我啊！我自称法师或天使[5]，出离于一切道德约束，我回到地面，去寻找一项分内事，去拥抱粗粝的现实！[6]农民！

---

1 兰波的另一个生命（une autre vie）产生的幻觉，掺杂着关于中世纪的记忆，这些图景可能来自雕塑作品。

2 从死亡到苦难，产生了相反的反应——“安逸”（comfort）的念想。兰波在这里用了英语词“comfort”，波德莱尔在《人造天堂·吸食鸦片者》中说到冬天时也用到这个英语词。

3 这句与《谵妄（一）》相近，“地狱新郎”寻找着“改变生活的秘密”，“痴愚童女”说到他的魔力，或许会改变“法律和风俗”。

4 “艺术家”可能指《最后的诗行》的作者（兰波自己），而“说故事人”可能指《福音散篇》的作者（兰波自己）。

5 “法师”（mage）可能与关于诗人角色的观念有关（见1871年5月15日写给德莫尼的信）；“天使”（ange）与兰波的态度有关，超乎善与恶之上，“出离于一切道德约束”。

6 从这句话可以看到兰波经历重重精神历险之后，重重地跌回现实之中。

我受骗了吗？仁慈对于我是否就是死亡的姐妹？

最后，我会恳求原谅，因我是靠谎言而生的。好了，好了。

可是竟没有一只友情之手！又去哪里寻求援救？

是的，新的时代至少极其严峻。

因为我可以说，我已取得胜利：牙关咬得咯嘣响，火焰嘶嘶直蹿，悲叹熏染着恶臭，这些都缓和下来。所有不洁的记忆都一笔勾销。我最后的遗憾已快步跑远，——我嫉妒的是乞丐、强盗、死亡之友，形形色色落伍的人。[1]——这些下地狱的，要是我能复仇的话！

必须绝对地现代。[2]

赞美诗就算了：每一步走过，都不要回头。艰辛的夜！烤干的血在我脸上冒烟，而我身后一无所有，除了那恐怖的灌木！[3]……精神上的搏斗跟人与人之间的战斗一样

1 兰波在这里谈及“胜利”，应该理解为从他的“地狱”解脱出来，摆脱了基督教的诱惑，这里的“乞丐、强盗、死亡之友，形形色色落伍的人”，正如他在《闪光》中将乞丐、强盗与教士相提并论。

2 这句话一直以来被多重阐释，联系上下文，不应忽视其基本含义：兰波得出一个世俗化的、积极进取的结论，那就是向前看，相信人类的命运，不被古老的迷信牵着走。

3 “恐怖的灌木”应是暗指摩西听见上帝召唤的燃烧的荆棘丛（buisson ardent）：“上主的使者从荆棘丛的火焰中显现给他；他远远看见那荆棘为火焚烧，而荆棘却没有烧毁。”（见思高本《圣经·出谷记》第三章）

残暴激烈；但正义的幻象是上帝才能享有的乐趣。

然而这是守夜。让我们接受强劲活力和真正柔情的所有冲动。待黎明之时，装备一份热烈的耐心，我们将进入那些辉煌的城市。[1]

说什么友情之手！一份丰厚收益，是我能够嘲笑骗人的古老爱情，羞辱那些撒谎成性的夫妻伉俪，——我在那里看见一座女人的地狱；[2]——而且我将自如地**在一个灵魂和一具身体里拥有真实**。[3]

1873年4月—8月

1 “辉煌的城市”应是指未来的城市，《灵光集》中，兰波写了多座这样的城市。

2 很可能暗指与“痴愚童女”魏尔伦的关系；此后，兰波得以从“骗人的古老爱情”解脱出来。

3 “一个灵魂和一具身体”意味着一种断裂和孤寂。尽管逃避现实是对兰波的极大诱惑，但他一直都在追寻着“真实”（vérité）：《地狱之夜》中“说我掌握着真相”；《不可能》中“我们就会立刻抵达真实”；《灵光集·寓言》里“他想看看真相”。兰波对“真”的不息探寻，也是对“地狱”的对立面——“真正的生活”的追寻，这最后一句给了《地狱一季》一个有希望和乐观的肯定结论。

通灵人书信

兰波在北国（德拉艾 绘）

致乔治·伊藏巴尔*

夏尔维勒，1871年5月13日

亲爱的先生！

您又做老师了。人对社会负有义务，您曾经对我说过；您成了教师团体的一分子：您走在正途上。——我也一样，我遵从我的原则：我厚颜无耻地由人供养；我要把那帮蠢货校友都挖出来：所有我能够想出的愚蠢、脏污、恶劣，无论行为还是言语方面，我都抛给他们：有人赏我大杯啤酒和姑娘[1]。**悲痛的圣母站立着，那里悬挂着她的儿子。**[2]——我对社会负有义务，这是公正的，——而我有我

---

* 这封信由伊藏巴尔首次刊发于1926年10月的《欧罗巴杂志》（*La Revue Européenne*），原刊附有影印件。

1 原文是“filles”（姑娘）。据埃蒂安布勒等人考，在亚登地区，“filles”或“fillettes”指大杯葡萄酒。

2 原文是拉丁文：*Stat mater dolorosa, dum pendet filius.* 此句出自天主教礼拜曲《悲痛的圣母》，兰波略去了中间一句“*juxta crucem lacrimosa*（流着泪在十字架旁）”。此处引用这两句，应是暗指他的母亲，是一种挖苦、嘲弄的语气。

的道理。——您也一样，您有您的道理，就今日而言。说到底，您在您的原则中只看到主观的诗：您的固执让您重新回到教育界的草料槽——请原谅！——就证明了这一点。而您终归会像一个心满意足之人，无所为也无意有所为。更不要说您的主观诗将总是极其索然无味。我希望有一天，——许多人在期盼同样的东西，——我会在您的原则里看到客观的诗，我对待这种诗比您要来得真诚！——我将是一个劳工：正是这样的想法吸引着我，当疯狂的愤怒将我推向巴黎的战斗，——那么多劳工正在战斗中死去，就在我给您写信之时！现在决不工作，决不；我罢工了。

现在，我尽一切可能荒淫无耻。为什么？我要成为诗人，且我努力使自己成为**通灵人**[1]：您完全不会理解，而我几乎不知如何向您解释。这涉及通过打乱**所有感官**抵达不可知。这样的痛苦令人生畏，但必须强大，必须是天生的

1 这个著名的字眼第一次出现。显然，这不是兰波的发明。"通灵人"（voyant）这一措辞，不但出现在《圣经》里，更出现在兰波熟悉的19世纪作者的笔下：如李勒（Leconte de Lisle，1818—1894年）在《当代帕尔纳斯》杂志上发表了《该隐》（*Qaïn*，1869年），诗中写"通灵人"托戈尔玛（Thogorma）做了一个预言性的梦；米什莱的历史著作，尤其是《世界历史导读》（*Introduction à l'Histoire Universelle*，1831年）中"所有通灵人，所有预言家，从人民中涌现，不通过神庙即与上帝交流"亦有提及；巴朗什（Pierre-Simon Ballanche，1776—1847年）在《俄耳甫斯》（*Orphée*，1832年）中论述了一种诗性"通灵"（Voyance）的理论，但没有证据表明兰波读过此作品。

诗人，而我自认为是诗人。这完全不是我的错。说我在思考，这是错的。应该说：人们在思考我。对不起，文字游戏而已。[1]

我是另一个。[2] 木头发现自己成了小提琴，又有何妨，嘲笑那些没脑子的人，他们对一无所知的事物只会吹毛求疵！

对我来说，您不是**教师**。我给您附上这首诗：您会说这是讽刺诗吗？这是不是诗？出于幻想，总是这样。——但是，我恳求您，不要用铅笔也不要用太多思想去画着重线：

受折磨的心

我悲伤的心在船尾淌着口水……

…………………………………

1 兰波的文字游戏可能是同音双关："penser"（思考）与"panser"（包扎），意在说明思想奔涌的被动性：他自己无法控制，而需要人来"包扎"。

2 人们从这句话里读出了无数种含义。有观点认为，它描述的是一种心理上的自我验证：兰波觉察到自己的诗歌天分，他自认为是"另一个"（un autre），就像他被一道突如其来的灵光（illumination）击中，"发现自己成了小提琴"。（他在5月15日写给保尔·德莫尼的信里重述了这一想法。）"小提琴"是木头做成的，就像桌子、椅子是木头做成的，诗人与普通人一样也都是血肉之躯，但他接收了一种发出和谐之音的才能。

并非不知所云。

回信请寄：德韦里埃先生转阿·兰。

衷心问候。

阿蒂尔·兰波

致保尔·德莫尼*

在杜埃

夏尔维勒，1871年5月15日

我决意给您上一小时的新文学课。我从一首时事赞美诗开始：

巴黎战歌

春天一目了然，因为……

……………………………

阿·兰波

——以下信文论述诗歌的未来：——

一切古代的诗到希腊诗歌就完结了，和谐的生活。——从希腊到浪漫主义运动——经过中世纪——其间

---

* 这封信由贝里雄（Paterne Berrichon）首次发表于1912年10月的《新法兰西杂志》（*Nouvelle Revue Française*）；影印件由马塔拉索（Henri Matarasso）发表于1954年。

有文人，有打油诗人。从埃纽乌斯[1]到泰罗尔杜斯[2]，从泰罗尔杜斯到卡希米尔·德拉维涅[3]，都是押韵的散文，一种游戏，多少代白痴的萎靡和荣光：拉辛是纯粹的，强健、伟大。——要是将韵脚吹走，打乱他的诗句中顿，这位“圣愚”直到今天仍会像第一个写《起源》[4]的作者一样不为人知。——拉辛之后，这游戏就发霉了。它已延续了两千年！

既不是玩笑，也不是悖论。理性在这个问题上启示我的确信要多于法国年轻人的愤怒。[5]此外，新人自有厌憎前辈的自由：我们在自己的国度，有的是时间。

我们从未正确评价过浪漫主义。谁来评价？评论家！！浪漫派？他们很好地证明了歌曲往往难以成为作

---

1 埃纽乌斯（Ennius，公元前239—前169年），罗马共和国时期的诗人，被称作“拉丁诗人之父”。

2 泰罗尔杜斯（Théroldus），这个人名出现在《罗兰之歌》最后一行，可能是这部英雄史诗的作者。

3 德拉维涅（Casimir Delavigne，1793—1843年），法国诗人和剧作家。

4 书名含有“起源”（Origines）的书在彼时颇为流行，兰波以此影射那些平庸之作。

5 这里应暗指“欧那尼之战”：1830年2月25日，雨果的剧作《欧那尼》（*Hernani*）在法兰西剧院首演，引起古典主义保守派与浪漫主义支持者的激战；或也影射戈蒂耶出版于1833年8月、献给浪漫主义支持者的书《法国年轻人：嘲弄的小说》（*Les Jeunes-France: Romans Goguenards*）。我们在此可以得见兰波的理性：“法国年轻人”的“愤怒”让他们不能公正地评判他们所“厌憎”的古典主义，也无法评判自己所代表的浪漫主义。

品，也就是说，成为歌者所吟唱的**且已领会**的思想。

因为**我**是另一个。[1] 如果青铜醒来成了铜号，这完全不是它的错。这一点对我来说再明显不过：我参与我思想的诞生：我观看它，我聆听它：我拉一下琴弓：交响乐就在深处形成骚动，或一跃登上演奏舞台。

如果不是因为那些老蠢货发现的自我都只是虚假的意义，我们也就不用清扫这几百万具枯骨残骸，自无限久远以来，他们堆积的智力产品都瞎一只眼，竟还以作者自许！

我说过，在希腊，诗与琴**给行动打节奏**。[2] 后来，音乐和韵律成为游戏和消遣。对过往的研究诱惑着好奇的人：不少人以翻新这些古董为乐：——这是他们的事。通用的智力总是自然而然地迸出一些想法；人们将这些脑袋成果的一部分集拢起来：依此行事，就此写书：事情就是照这样发展，人并没有劳作，还没有觉醒，或者还没有完全沉浸于大梦之中。都是些文职人员、写手：作者、创作者、诗人，这样的人从未存在过！

---

1 “因为”关联上一句话：人们不了解自身，而“我是另一个”。“小提琴”的意象在这里成了“铜号”，但又由“琴弓”的意象，回到了小提琴，形成一部内在的交响曲。

2 兰波在这里反对“大诗”，如古希腊的诗（荷马、品达）；反对消遣的诗，那些只是押韵的游戏。

一个人要成为诗人，首要的研究是他的自我认知、完全的认知：他寻找自己的灵魂，他审视它、试探它、认识它。一旦他了解它，就必须培育它；这似乎很简单：所有头脑里都在完成一种自然的发展；有多少**利己主义者**都自称作者；还有多少其他人将他们的智力进步归功于他们自己！——然而这涉及将灵魂发展成奇形异状：以孔拉奇科[1]为榜样，正是！请想象这样一个人，他正将疣子移植到自己脸上并加以培育！

我说：必须做**通灵人**，使自己成为**通灵人**。

诗人通过长期地、广泛地、深思熟虑地**打乱所有感官**，使自己成为**通灵人**。所有形式的爱、痛苦、疯狂；[2]他探索自己，用尽身上一切毒药，只为保留精华。在难以形容的痛楚折磨中，他需要一切信念、一切超凡的力量，成为所有人中最伟大的病人、最伟大的罪人、最伟大的受诅

1　孔拉奇科（comprachicos），雨果小说《笑面人》（*L'Homme qui rit*，1869年）里拐骗儿童的人贩子。他们将小孩子的面容毁坏，使之永远现出笑容，以展示“笑面人”来敛财。

2　兰波在这里的宣告意味深长，可以用来解释他在巴黎期间的态度。他在《地狱一季·谵妄（二）》中再次用到“疯狂”这个词：“该我了。且听我种种疯狂故事中的一个。”兰波应该是从1871年夏天开始将他的理论付诸实施，不仅仅“尽一切可能荒淫无耻”，而且进行着一种“污秽、荒谬、固执、神秘的劳作”（1871年8月28日致德莫尼信）。

咒者，——以及至高无上的学问家！[1]——因他抵达了**不可知**！既然他培育了他的灵魂，已然丰盈的灵魂，而今更无人能及！他抵达了不可知，而当惊恐的他，对他之所见丧失了理解力，他终得以看见它们！就让他穿过这无数闻所未闻的事物在跳腾中死去吧：其他可怕的劳工必将到来；他们将从这人倒下的地平线上开始出发！

——六分钟后继续——

这里，我插入第二首赞美诗，**在正文之外**：请君为我侧耳听，——人人都会着迷。——琴弓在手，我开始了：

我那些小恋人

一注泪水的酊剂冲洗着

…………………………

阿·兰

1 兰波一方面通过混乱无序来成为“最伟大的病人、最伟大的罪人、最伟大的受诅咒者”，另一方面又要保持步骤，“深思熟虑”，成为“至高无上的学问家”，这种两面性一直存在于兰波身上，构成了他的诗歌艺术（如《灵光集》）和他的精神表达方式。

就是这样。请注意，先生，如果我不怕破费您六十个铜板的话，——我这个落魄穷人，七个月以来一文不名！——我还会兜售给您《巴黎的情人》，一百行六音步诗，还有《巴黎之死》，两百行六音步诗！[1]

——我继续说下去：

所以诗人确实是盗火者。[2]

他背负着人类，甚至还有**动物**；他须让人感觉到、触摸到、谛听到他的创造；如果他从**那边**带来的是有形式的，他就赋予形式；如果是不定形的，他就不予定形。要找到一种语言；——而且，正因一切言语都是观念，一种通用语言的时代必将到来！必须成为一个比化石还要僵死的学院院士，来完善一部词典，无论哪种语言。有些弱智或许会去**思索**字母表的第一个字母，他们很快会陷入疯狂！[3]

---

1 这两首诗从未被发现，是否真的存在值得怀疑。

2 这里暗指普罗米修斯的传说，他从诸神那里盗火给人类。米什莱出版于1864年的《人性的圣书》(*Bible de l'Humanité*)中写道："普罗米修斯为人类开启了解放之路。"从这个"诗人－普罗米修斯"的角色，我们更容易理解为什么兰波接着说"他背负着人类"。

3 有个犹太神秘学派(La Kabbale)认为，物与名之间存在某种有魔力的联系，而字母表中的字母就是精神世界与物质世界的媒介，故此，作用于名的力量同时作用于物，这个神秘学派宣称神以二十二个字母及其形式和形状塑造了世界。贝尔纳猜想，兰波或许读到过此类书；但也可能他读的是柏拉图(Plato)的《克拉底鲁篇》(*Cratyle*)，这篇论述语言问题的对话，谈到物是否具有"天然"的名。

这种语言将从灵魂通达灵魂，概述一切，芳香、声音、色彩，思想与思想相互勾连，并引出思想。[1] 诗人在他自己的时辰，在普遍灵魂里苏醒，会给不可知以定量：他会提供更多——比他的思想程式，比他**走向进步**的标记更多！当异乎寻常[2] 变成正常，被所有人吸收，他便将真正成为一个**进步的繁殖者！**

正如您所见，这一未来必将是唯物主义的；[3] ——永远充满了**数**与**和谐**，这些诗篇一写成就会留世。——实际上，这依然有些类似希腊诗歌。

永恒的艺术会有自身的功用，既然诗人都是公民。诗不再给行动打节奏；它将**走在前面**。[4]

这样的诗人一定会有！当女人无尽的奴役被粉碎，当她自主并自立地活，男人——至今依然可憎——还给她自

---

1 很容易让人想到波德莱尔《应和》中的诗句："芳香、色彩和声音互相回应"。兰波的《元音》创作于1871年底或1872年头几个月，应与这种想法有关。

2 兰波用"énormité"这个词来表示不同于正常（norme）的事物，让人回想起波德莱尔那句著名的话："美总是古怪的。（Le beau est toujours bizarre.）"

3 兰波从"不可知"走向"进步"，继而在此断言"这一未来必将是唯物主义的"，这种"进步主义"应是来自他的阅读或巴黎公社成员的思想。

4 关于诗人的社会角色，兰波在前面已控诉过："都是些文职人员、写手"，而他心目中的诗人无疑是充满力量和生命力的积极角色。未来的诗将比"给行动打节奏"的希腊诗歌更好，它将"走在前面"引领民众。

由，她也将是诗人！[1] 女人将找到不可知！她的观念世界是否与我们不同？——她将找到奇异、深奥、令人反感、美妙迷人的事物；我们会接受这一切，我们会理解这一切。

在此期间，暂且让我们向**诗人**要求**新**，——观念和形式的新。所有的能工巧手马上认为他们已满足这一要求。——并非如此！

早期的浪漫派是不自觉的**通灵人**：他们的灵魂得到培育是始于偶然：废弃的火车头，但还在冒烟，会在轨道上再开一阵。——拉马丁有时是通灵人，但被陈旧的形式扼杀了。——雨果，**太顽固**，在最近几部作品里确有几分通灵：《悲惨世界》是一部真正的诗。我手边有《惩罚集》；《星》大致显示了雨果的**视力**程度。[2] 太多的贝尔蒙泰和拉莫内[3]，太多的耶和华和圆柱，陈腐荒谬的奇谈怪论[4]。

---

1 兰波关于女性解放的思想来自多方面。革命文学的主张，比如巴黎公社成员维尔麦希写过这样的诗句："当平等的日光/终于照耀女性，/人们不再窒息她的灵魂/而为她的美陶醉。"还有米什莱，他在1862年出版的《女巫》导言里写道，在原始社会里女人"有时是通灵人"。或者还有柏拉图，他在《理想国》第四部里宣称，将男人和女人都放在平等的脚上。

2 《惩罚集》（*Les Châtiments*）是雨果出版于1853年的诗集，《星》（*Stella*）即出自这部诗集，这首诗呈现的诗歌的作用，与兰波的想法近似。

3 贝尔蒙泰（Louis Belmontet，1798—1879年），法国政治人物兼诗人；拉莫内（Félicité Robert de Lamennais，1782—1854年），法国神甫兼作家。兰波认为这类诗人所代表的伪古典主义阻碍了拉马丁和雨果的诗歌。

4 兰波在这里再次用了"énormité"这个词，不同于上文的"异乎寻常"之意，而是嘲笑这种陈腐荒谬之物。

对抱有幻想又痛苦不堪的我们这几代人来说，缪塞是十四倍的可憎可厌，——他那天使般的慵懒侮辱了我们！哦！那些故事和格言索然无味！哦，《夜歌》！哦，《罗拉》，哦，《纳穆娜》，哦，《酒杯》！全是法国式的，也就是可憎到了极点；法国式的，而不是巴黎的！这种可恶的才气启发过拉伯雷、伏尔泰以及泰纳先生[1]评述的拉封丹，再添一部而已！青春萌动，就是缪塞的精神！魅惑迷人，就是他的爱情！有着釉彩的画面，牢靠的诗韵！人们将长期品尝**法国式的**诗，但仅仅在法国。任何一个杂货店伙计都能随口说出一句罗拉式的呼语，任何一个神学院学生都在小本子上秘密藏着五百个韵脚。十五岁，激情冲动让少年人春情萌发；十六岁，他们就已经满足于用**心**默诵这些韵文；十八岁，甚至十七岁，任何一个有点儿才能的中学生都能搞出罗拉这一套，写出一首罗拉！[2]有些人也许还为此丧命。缪塞什么也做不来：纱窗帘后面就有幻象，他却

1 泰纳（Hippolyte Taine，1828—1893年），法国哲学家和历史学家，1860年发表了《拉封丹和他的寓言》。

2 让古认为兰波对缪塞这一判定可能受到戈蒂耶《浪漫主义的历史》（*L'Histoire du Romantisme*）的影响："《纳穆娜》生育了一个大家族……任何一个年轻人都在刻板模仿他钟爱的导师，写着他那种程度的诗行……"但兰波可能只需从他的周围（或者也能从他自己身上）看到这一点：《太阳与肉身》（*Soleil et Chair*，1870年）不也模仿了缪塞的某些呼语吗？

闭上眼睛。法国人，可怜巴巴，从小咖啡馆拖到课桌，好看的死人终归是死人，从今往后，不要让我们再费力用我们的厌憎去唤醒他！

第二代浪漫派颇为*通灵*：泰奥菲勒·戈蒂耶，勒孔特·德·李勒，泰奥多尔·德·邦维尔。然而检视不可见之物、谛听不可闻之声，与再现死去的事物的精神是两回事。波德莱尔是第一位通灵人，诗人之王，*一位真神*。但他曾生活在过于艺术性的环境里，而他如此受人称道的形式也平庸无奇：不可知的发明要求新的形式。[1]

擅长旧形式的无知者中有：A.勒诺，——写了他的罗拉；L.格朗代，——写了他的罗拉；——高卢人和缪塞们：G.拉弗内斯特、科朗、Cl.波珀林、苏拉里、L.萨尔；新手：马尔克、埃卡尔、特里埃；死人和蠢货：奥特朗、巴比耶、L.皮夏、勒穆瓦纳、德尚们、德泽萨尔们；记者：L.克拉代尔、罗贝尔·吕扎尔什、X.德·里卡尔；幻想派：C.孟戴斯；流浪者；女诗人；有才华的人：莱翁·迪耶尔、苏利·普吕多姆、科佩；——新流派：所谓帕尔纳斯派，有两位通灵人，阿尔贝·梅拉和保尔·魏尔伦，一位真正的

1　兰波在这里与旧形式告别。虽然在1871年他还在写“有规则的”诗行，但他到了巴黎之后，在1872年受到这方面的革新者魏尔伦的影响，就写了不规则押韵或很少押韵的《最后的诗行》。

诗人。——都在这儿了。[1]——因此我努力使自己成为通灵人。——我们来以一首虔诚的歌作为结束。

---

1 这些诗人都出现在《当代帕尔纳斯》杂志上：A.勒诺（Armand Renaud，1836—1895年）、L.格朗代（Léon Grandet，1840—1919年）、G.拉弗内斯特（Georges Lafenestre，1837—1919年）、科朗（Charles Coran，1814—1901年）、Cl.波珀林（Claudius Popelin，1825—1892年）、苏拉里（Joséphin Soulary，1815—1891年）、L.萨尔（Louis Salles，约1850—？年）、马尔克（Gabriel Marc，1840—1931年）、埃卡尔（Jean Aicard，1848—1921年）、特里埃（André Theuriet，1833—1907年）、奥特朗（Joseph Autran，1813—1877年，他出现在1876年的第三期杂志，兰波写此信时是1871年，应是在别处读过）、巴比耶（Auguste Barbier，1805—1882年）、L.皮夏（Léon Laurent-Pichat，1823—1886年）、勒穆瓦纳（André Lemoyne，1822—1907年）；德尚们（les Deschamps）是指A.德尚（Antoni Deschamps，1800—1869年）和É.德尚（Émile Deschamps，1791—1871年）；德泽萨尔们（les Desessarts）则指E.德·泽萨尔（Emmanuel des Essarts，1839—1909年）和A.德·泽萨尔（Alfred des Essarts，1811—1893年）；L.克拉代尔（Léon Cladel，1834—1892年）、罗贝尔·吕扎尔什（Robert Luzarche，1845—1871年）、X.德·里卡尔（Louis-Xavier de Ricard，1843—1911年）、C.孟戴斯（Catulle Mendès，1841—1909年）、莱翁·迪耶尔（Léon Dierx，1838—1912年）；苏利·普吕多姆（Sully Prudhomme，1839—1907年）是首位诺贝尔文学奖获得者（1901年）；科佩（François Coppée，1842—1908年）；阿尔贝·梅拉（Albert Mérat，1840—1909年）获得与魏尔伦几乎同等的评价，而今已很少有人知道他；至于魏尔伦的诗，兰波早就读过，在1870年8月写给伊藏巴尔的信里，他称《华宴集》（*Fêtes Galantes*，1869年）“令人称美”，并建议购买魏尔伦另一部诗集《美好的歌》（*La Bonne Chanson*，1870年）；马拉美在《当代帕尔纳斯》第一期上发表了十一首诗，在第二期上发表了《海洛底亚德》（*Hérodiade*）的片段，兰波在这里对马拉美的忽略引起过“争议”，但这并不等于说他没有从马拉美的诗中获得过灵感。

蹲　着

很晚了，当他感到胃里恶心，

………………………………

您要是不回信就太可恶了：要快，因为我可能八天后就在巴黎了。

再见。

阿·兰波

— 兰波生平纪年 —

- 1810年

6月27日，诗人的祖父、裁缝迪迪埃·兰波（Didier Rimbaud）在多勒（Dôle）结婚。当日，他提交了一份证明书，申明他的父亲在十八年前一次夫妻争吵后失踪，至今音讯全无。据考，其父让-弗朗索瓦·兰波（Jean-François Rimbaud）应该就是1795年热月14日被第戎（Dijon）议会列入恐怖主义者名单的公民兰波。

- 1814年

10月7日，迪迪埃·兰波的儿子弗雷德里克·兰波（Frédéric Rimbaud）出生于多勒，即诗人的父亲。

- 1825年

3月10日，诗人的母亲玛丽-卡特琳娜-维塔莉·屈夫（Marie-Catherine-Vitalie Cuif）出生于亚登省（Ardennes）的罗什（Roche）。

- 1832年

10月9日，弗雷德里克·兰波参军加入第四十六防线。

• 1842年

1842年6月10日至1850年6月21日，弗雷德里克·兰波随军驻扎在阿尔及利亚。1841年4月13日起，他的军衔为少尉，1845年5月22日起为中尉。

• 1852年

3月3日，弗雷德里克·兰波在第四十七防线晋升为上尉。

• 1853年

2月8日，他与玛丽-卡特琳娜-维塔莉·屈夫结婚。11月2日，兰波上尉和维塔莉的儿子弗雷德里克·兰波（Frédéric Rimbaud）出生。

• 1854年

10月20日，让-尼古拉-阿蒂尔·兰波（Jean-Nicolas-Arthur Rimbaud）出生。

• 1855年

1855年3月14日至1856年5月28日，兰波上尉参加克里米亚战争。

• 1857年

一个女婴出生，但三个月后就夭折了。

• 1858年

6月15日，维塔莉·兰波（Vitalie Rimbaud）出生。

• 1860年

6月1日，伊莎贝尔·兰波（Isabelle Rimbaud）出生。兰波夫人在夏尔维勒（Charleville）波旁街73号拥有了一套底楼的房子。8月，兰波上尉回到军营，夫妇两人从此分开生活。

• 1862年

6月，兰波夫人租了奥尔良宫13号的一套房间。10月，阿蒂尔·兰波入学罗萨学校。

• 1862—1863年

阿蒂尔·兰波在罗萨学校学习一年级课程。

• 1863—1864年

阿蒂尔·兰波学习二年级课程。

• 1864年

8月11日，兰波上尉获得退休的权利。1864年10月至1865年复活节，兰波在罗萨学校修完了三年级三个学期中前两个学期的课程。

• 1865年

从复活节到7月，他完成了这所市立学校三年级第三学期的课程。

• 1865—1866年

他在一学年内完成了学校四年级和五年级的所有课程。1866年，兰波夫人把家搬到福雷街20号。

- 1866—1867年

兰波学习六年级的课程。他的老师是佩雷特先生（M. Pérette）。

- 1867—1868年

兰波学习七年级的课程。他的老师是阿里斯特·莱里捷先生（M. Ariste Lhéritier）。

- 1868—1869年

兰波学习八年级的课程。他的老师是迪普雷先生（M. Duprez）。

- 1869年

6月，兰波夫人把家搬到马德莱娜河岸街双5号。

10月，兰波进入修辞班学习。他的老师是弗亚特尔先生（M. Feuillâtre）。

- 1870年

1月，弗亚特尔先生工作变动，新来的老师是乔治·伊藏巴尔（Georges Izambard）。

7月24日，伊藏巴尔离开夏尔维勒，回到杜埃（Douai）。

8月6日，学校颁发奖学金。

8月29日，兰波出走，去了夏尔罗瓦（Charleroi）。30日那天，他经过夏尔罗瓦；31日，他到了巴黎的北站，随即被扣留，并被带到拘留所，而后被带到马扎（Mazas）监狱。

9月4日，帝国陷落。

9月5日，兰波写信给伊藏巴尔。被释放后，他来到杜埃，住在德普雷修道院街29号然德尔（les Gindre）家里。9月25日，《北方自由报》（*Le Libéral du Nord*）发表了一篇兰波写的文章。

9月26日，兰波和伊藏巴尔、德韦里埃（Deverrière）一起乘火车到夏尔维勒。

10月2日（大致日期），兰波第二次出走。他穿越弗迈（Fumay）、维勒（Vireux）和吉韦（Givet），到达夏尔罗瓦。而后，他继续前进直到布鲁塞尔（Bruxelles）。

10月11日（大致日期），他到了杜埃，住在然德尔家里。最迟是11月2日那天，他回到了夏尔维勒。

11月，雅各比（Jacoby）在夏尔维勒创办《亚登人进步报》（*Le Progrès des Ardennes*）。

11月25日，《亚登人进步报》刊发了署名让·博德里（Jean Baudry）的文章《比斯马克的梦》（*Le Rêve de Bismarck*），据考，这很可能是兰波用笔名发表的文章。

12月29日，《亚登人进步报》的“小通讯”栏目刊发了一篇署名兰波的短文。

12月31日，梅兹耶尔（Mézières）遭炮轰。

• 1871年

1月1日，梅兹耶尔和夏尔维勒被德国人占领。

1月28日，停战协议签订。

2月25日，兰波再一次出发去巴黎。

3月1日，德国军队以凯旋仪式进入香榭丽舍大街。

3月10日，兰波回到夏尔维勒。

3月18日，巴黎公社开始。学校已经复课。兰波为《亚登人进步报》工作。

4月7日，凡尔赛军队炮轰纳伊（Neuilly）。

4月14日，关于轰炸的文章《人民的呼声》（*Cri du Peuple*）发表。

4月16日，旺弗（Vanves）遭炮轰。

4月17日，《亚登人进步报》停刊。有证据证明，兰波这一天出现在夏尔维勒。

4月18日，凡尔赛军队占领阿斯涅尔（Asnières）。

4月19日，兰波有可能在这天出发去巴黎。

4月20日，巴黎的战斗打到了阿斯涅尔－旺弗－伊兹－勒穆利诺一线（Asnières-Vanves-Issy-les-Moulineaux）。

4月23日，兰波可能在这天到达巴黎。

4月25日，巴黎公社成员成为囚徒，男人和女人都遭人吐唾沫和拳打脚踢。

4月30日，巴黎公社的部队撤离伊兹（Issy）。

5月3日，兰波可能在这天离开巴黎。

5月4—8日，伊弗里（Ivry）和旺弗遭到激烈炮轰。

5月13日，有证据证明，兰波这一天出现在夏尔维勒。

5月21日，凡尔赛军队攻陷巴黎。

5月21—28日，巴黎流血周。

5月至9月，兰波一直在夏尔维勒。9月10日前后，受到保尔·魏尔伦（Paul Verlaine）的召唤，兰波出发去巴黎，住在莫泰（les Mauté）家里。

9月底，他离开了莫泰家，在一些破旧公寓租住了一段时间，夏尔·克罗（Charles Cros）、卡巴纳（Cabaner）和福兰（Forain）不时地留宿他。

10月30日，魏尔伦的儿子乔治·魏尔伦（Georges Verlaine）出生。

11月4日，魏尔伦醉后大吵。

11月15日，又一次醉后大吵。

11月15日，勒佩勒捷（Lepelletier）发表了一篇花边文章，明显在暗示魏尔伦和兰波的友谊之外的某些行为。

12月底，在“粗人”（Vilains Bonshommes）晚餐上大吵大闹。

• 1872年

1月8日，兰波住到康帕尼－普雷米尔街（rue Campagne-Première），租了一个房间，租期为三个月。

1月13日，魏尔伦几乎扼死了他的妻子玛蒂尔德（Mathilde）。她离开了家。

1月20日，魏尔伦写信给玛蒂尔德，信中向她道歉。

2月底或3月初，兰波离开巴黎，回到夏尔维勒。

3月15日，玛蒂尔德回到魏尔伦身边。

5月9日，魏尔伦夫妇间又发生争吵，明显是因为兰波又回到了巴黎。这一时期，兰波先后住在王子先生街（rue Monsieur-le-Prince）和维克多－库森街（rue Victor-Cousin）的克吕尼（Cluny）旅馆。

6月15日，魏尔伦家里发生暴力争吵。

7月7日，魏尔伦和兰波离开巴黎。他们先到了阿拉斯（Arras），然后去往夏尔维勒。

7月9日，他们穿过比利时边境。之后，他们到了布鲁塞尔。

7月21日，魏尔伦的母亲和妻子到了布鲁塞尔，要魏尔伦跟她们回法国。但他在回法国的前一刻抛下了她们，回到了兰波身边。魏尔伦、兰波两人远行到梅赫伦（Malines，即Mechelen，比利时）。

9月7日，星期六晚上，魏尔伦和兰波在奥斯坦德（Ostende，比利时）登船，越过海峡，前往多佛尔（Douvres，英国）。7日夜间至8日，他们到达多佛尔。8日晚上，他们到了伦敦，住在费士来广场（Fitz-Roy Square）的豪兰街34—35号。

这两个好朋友经常光顾法国逃难者的地方。兰波感到非常痛苦。

11月底，兰波决定返回夏尔维勒，而魏尔伦留在伦敦。

12月20日，有证据证明，兰波这一天出现在夏尔维勒。

- 1873年

1月，魏尔伦病倒了。他的母亲发电报告知兰波，并提供钱给他，让他去伦敦。

1月至3月，魏尔伦和兰波生活在伦敦。他们在乡间长途漫步，到了邱镇（Kew）和伍尔维奇（Woolwich）。

3月25日，兰波在大英博物馆用过一张阅读卡。

4月4日，魏尔伦和兰波在多佛尔登上弗兰德伯爵夫人号，前往奥斯坦德。

4月12日，兰波在罗什。

5月19日，兰波告诉家人，他马上又要出发了。

5月24日，他和魏尔伦在布荣（Bouillon，比利时）会合。他们经过列日（Liège，比利时），到达安特卫普（Anvers，比利时）。

5月26日，他们搭乘大东方铁道公司的轮船越过北海，于27日早上6点40分在伦敦上岸。

5月28日，他们入住卡姆登镇（Camden Town）大学街（Great College Street）8号。

6月11、12、13日，他们在《回声报》（*The Echo*）刊登教法语的广告。

7月3日，发生争吵。魏尔伦乘船去了奥斯坦德。

7月4日，魏尔伦到了布鲁塞尔。

7月8日，兰波到布鲁塞尔找到魏尔伦。

7月10日，发生枪击。兰波住进圣若望院。

7月13日，预审法官来到医院讯问兰波。

7月17日，子弹被取出。

7月18日，再次讯问。

7月19日，兰波在撤诉书上签字。

7月20日，兰波出院。他回到罗什。

10月，《地狱一季》（*Une Saison en Enfer*）印刷完毕。兰波回到布鲁塞尔，住进列日人旅馆。

10月24日，他"偷偷地"（因警方有公文禁止他穿越边境）离开布鲁塞尔，回到法国。

11月1日，据贝里雄（Paterne Berrichon）说，兰波这天出现在巴黎，在塔布雷（Tabourey）咖啡馆。诗人阿尔弗雷德·图桑（Alfred Toussaint）坐在他的旁边，而兰波始终一言不发。据德拉艾（Ernest Delahaye）说，兰波遇到热尔曼·努沃（Germain Nouveau）是在"1873年年底"。

- 1874年

3月25日，兰波和热尔曼·努沃同赴伦敦。

3月26日，他们到了伦敦，住进斯坦姆福德街（Stamford Street）178号。

4月4日，他们在大英博物馆用过一张阅读卡。

7月6日，兰波的母亲和妹妹维塔莉来到伦敦。兰波带她们游览了伦敦，并继续在大英博物馆学习。

7月31日，兰波离开伦敦，去向不明，很可能是去了北部约克郡海边的斯卡博罗（Scarborough）。

11月7—9日，兰波在《泰晤士报》（*The Times*）上刊登了一则广告。此时他住在雷丁（Reading）的国王路165号卡米耶·勒克莱尔（Camille Le Clair）家里，勒克莱尔先生管理着一所语言学校。

尽管警方有公文禁止兰波穿越边境，但兰波依然在1874年底离开了英国，返回夏尔维勒。此时，他的家位于圣巴泰勒米街（rue Saint-Barthélemy）31号，现在这里叫基纳尔男爵街（rue Baron-Quinart）。兰波与路易·莱特朗热（Louis Létrange）成为朋友。莱特朗热是31号一楼那家商店的主要雇员，他是一位优秀的乐师，教会了兰波弹钢琴。

• 1875年

2月13日，兰波前往斯图加特学习德语，他的妹妹维塔莉这天的日记写道："阿蒂尔去了斯图加特。我们都很难过。"他先是住在瓦涅街（rue Wagner），从3月15日开始，住在马里安街（Marienstrasse）2号一户可寄膳宿的人家。

4月底，他离开斯图加特，穿过瑞士和阿尔卑斯山，到达米兰。

热尔曼·努沃在5月7日给魏尔伦的信里写道："他在米兰，等着钱去西班牙。"还有一幅图画：兰波坐在火车上，专注地读着一本“译著”（traduzione）。他在一张名片上写着：米兰大教堂广场39号三楼。（39 Piazza del Duomo, terzo piano. Milano.）他南下到意大利中部，但放弃了走得更远。

6月15日，他让驻里窝那的法国领事馆将他遣返回国。他在马赛过了几天。他计划要去西班牙，“为了学西班牙语”，他梦想通过加入卡洛斯派志愿军到西班牙去。

7月，兰波在巴黎。他的母亲和两个妹妹来巴黎和他一起过了几天。她们回去的时候，他刚在梅松-阿尔弗尔（Maison-Alfort）找到了一个职位。他常与几个朋友来往，福兰、卡巴纳和亨利·梅西耶（Henri Mercier）。

在巴黎的这段日子里，他去拜访过魏尔伦的母亲，但她不在家。

10月6日，他在夏尔维勒。他继续在路易·莱特朗热的指导下学习钢琴。他的母亲同意租一架钢琴。

12月12日，魏尔伦最后一次给兰波写信。

12月18日，兰波的妹妹维塔莉·兰波去世。

- 1876年

4月，兰波到达维也纳。他被奥地利警察驱赶，直到巴伐利亚边境。后徒步穿越德国南部，回到法国。

5月，在布鲁塞尔，兰波遇到一个募兵者，跟他签了一份合同，参加了荷兰的外籍军团。他经过鹿特丹，于5月19日到达哈尔德韦克港（Harderwijk）。

6月10日，兰波登上奥兰治亲王号（Prins van Orange）。一路上经过南安普顿（Southampton）、直布罗陀（Gibraltar）、那不勒斯

（Naples）、苏伊士（Suez）、亚丁（Aden），最后到达爪哇（Java）。

7月19日，奥兰治亲王号到达巴达维亚（Batavia，今雅加达）。兰波参加的这支部队由海路到达三宝垄（Semarang，地名来历与郑和有关），而后驻扎在爪哇岛内陆的沙拉迪加（Salatiga）。

8月15日，他做了逃兵。

8月30日，兰波乘苏格兰船流浪酋长号（Wandering Chief）离开爪哇。如果遵照数月后兰波自己的一份声明，他在船上的职位是水手。

流浪酋长号绕过好望角进入大西洋，10月23日经过圣赫勒拿岛（Sainte-Hélène），又经过阿森松岛（Ascension）、亚速尔群岛（Açores），于12月6日到达北爱尔兰的王后镇（Queenstown）。兰波经科克（Cork，爱尔兰）和利物浦（Liverpool，英国），到了勒阿弗尔（Le Havre，法国），而后到达巴黎。他在12月回到夏尔维勒，具体日期不得而知。德拉艾在一封信里确定兰波从12月9日起就在夏尔维勒，而伊莎贝尔给出的日期则是12月31日。

• 1877年

1月22日，德拉艾写信给埃内斯特·米约（Ernest Millot），这封信为我们提供了兰波此番漫长游历的第一手信息。

5月5日，由卢瓦塞（Loisset）掌管的巴黎马戏团到达斯德哥尔摩，很明显这天兰波并不在瑞典。

5月19日，他实际上在不来梅（Brême，德国），并向美国领事馆递交了一份申请，希望加入美国海军。

6月，兰波两次在斯德哥尔摩的外国人名册上登记，一次是以代理人的身份，一次是水手。没有任何信息让人联想到他是卢瓦塞的雇员。

6月16日，德拉艾写信给魏尔伦说，没有兰波的任何消息。

8月5日，卢瓦塞的马戏团离开斯德哥尔摩。

离开瑞典之后，兰波出现在哥本哈根，而后“在挪威游荡”，可能去了挪威的北部。

9月，兰波出发去马赛，又从马赛坐船，到了奇维塔韦基亚（Civita-Vecchia，意大利），游历了罗马，而后返回夏尔维勒。

• 1878年

年初，兰波再次到汉堡。据说他在瑞士游历了一番。能够确信的只是，有人看到他在复活节前后出现在巴黎。

他在罗什度过夏天，第一次帮他的母亲、哥哥弗雷德里克和妹妹伊莎贝尔收割庄稼。他梦想着在冷天来临时离家，因为他再也受不了寒冷的天气。

10月20日，他动身上路，又开始长途旅行。他越过孚日山脉（les Vosges）到了瑞士，又翻越圣戈塔尔山（Saint-Gothard），经过卢加诺（Lugano，瑞士），直到米兰，然后坐火车到达热那亚（Gênes，意大利）。

11月19日，他在热那亚登上一艘开往亚历山大港的轮船。在埃及短暂停留后，兰波到了塞浦路斯。

12月16日，有证据证明，兰波这一天出现在塞浦路斯。从11月19日离开热那亚至这个日期，在不到一个月的时间内，兰波不可能抽身跑到离亚历山大港三千公里远的加尔答菲角（cap Gardafui，索马里），去演绎什么趁火打劫沉船者的传奇！

在塞浦路斯，他加入了埃内斯特·让与小蒂亚尔公司（la

maison Ernest Jean et Thial fils)，管理工地上劳动的六十余名工人。这个工地位于塞浦路斯海滨一个叫波塔摩（Potamos）的地方，离克西洛法古（Xylophagou）不远，离拉纳卡（Larnaca）三十公里。

• 1879年

5月27日，兰波病了，离开塞浦路斯，回到法国。罗什的医生诊断，他得的是伤寒症。

兰波在罗什度过夏天，帮家人在农场干活。他接待了德拉艾的造访。

冬天临近的时候，他再次出发前往东方。但他的病远没有治愈，不得不在马赛折返。他在罗什度过冬天。

• 1880年

3月，兰波再次出发，前往亚历山大港。他在塞浦路斯参与了一个英国行政当局的建筑项目，这个建筑在特罗多斯山（mont Troodos）上，应当是英国统治者的避暑山庄。兰波负责管理的工地上有五十多名工人。

7月20日，由于难以忍受英国当局和微薄的薪酬，他辞了职，去亚历山大港找工作。

他朝着红海沿岸的港口一路走去，四处寻找工作，吉达（Djedda，沙特阿拉伯）、萨瓦金（Souakim，苏丹），马萨瓦（Massaouah，厄立特里亚），荷台达（Hodeidah，也门）。在荷台达，他接触到马泽朗－维亚内－巴尔代合营公司（Mazeran, Viannay, Bardey et Cie）的一个代办，这家商行做非洲和亚洲间的生意，总部在亚丁。此后，他坐船到亚丁，日期是8月7日。他很快就参与了这家商行的生意。

11月2日，他被派往阿比西尼亚（Abyssinie，今埃塞俄比亚）的哈勒尔（Harar），这家商行刚在那里设立了代办处。

11月10日，他为这个新职位签了一份合同，月薪一百五十卢比（roupie），包食宿，外加1%的红利。

他在亚丁坐船，到了索马里的塞拉（Zeilah），当时索马里为英国人控制。得益于一支商队，他穿越了四百公里，于12月13日到达哈勒尔。

- 1881年

1月，他决定弄一台照相机来。

2月开始，他在这个国家已感到“无比不悦”，气候“烦躁又潮湿”，职业“荒诞而劳顿”，生活条件“一派荒诞”。

5月和6月，他深入阿比西尼亚的内陆地区，去寻找象牙。他甚至去了布巴萨（Boubassa），还没有一个欧洲人曾涉足过那里。

9月，他请求公司召回，但他得等人来替代他。终于，在12月，他离开了哈勒尔，决意再也不回来了。

- 1882年

他想到桑给巴尔（Zanzibar）找份工作，但合同期未满，他必须待在亚丁，继续为商行服务。

他烦恼四起，担心自己变成“完全的傻子”，“劳碌得像头驴”。而到了9月，他的老板们打算以代办处主管的职务，派他重回哈勒尔，他一口答应了。

• 1883年

3月，他跟他的商行签了一份新合同，为期三年。

3月18日，他离开了亚丁，在奥博克（Obock，吉布提）登陆，从那里去哈勒尔。

他要做的工作没有1881年那么繁重，而气候现在对他而言也舒适宜人了。但战争的硝烟和无政府状态使得生意很难做。

这一年里，他组织了几次商业性探险，分别在欧加登(Ogaden)、丹卡里人（dankali，即阿法尔人）的地方、哈瓦齐（Hawach）和瓦彼（Wabi）。

• 1884年

年初，马泽朗－维亚内－巴尔代合营公司濒临破产，亏损高达一百万法郎。兰波被召回亚丁。

3月10日，他离开哈勒尔。

4月23日，兰波收到解除合同的通知。亚丁和哈勒尔的代办处同时关闭。

皮埃尔·巴尔代（Pierre Bardey），加上他的兄弟阿尔弗雷德·巴尔代（Alfred Bardey），成功地稳住局势，重建了一家新的商行，接替了马泽朗－维亚内－巴尔代合营公司。

从4月底开始，阿尔弗雷德·巴尔代就要兰波在亚丁等着，等待最后的结果。

6月19日，兰波作为在亚丁的雇员，签了一份新合同，为期半年，合同期从7月1日到12月31日。

9月，埃及人撤离哈勒尔，阿比西尼亚重新陷入混乱之中。

• 1885年

1月10日，兰波和皮埃尔·巴尔代签了一份新合同，为期一年。他主要的工作是在亚丁采购咖啡，几乎没做过树胶、乳香、鸵鸟羽毛、象牙、干兽皮和丁子香等其他商品的生意。到10月初，他开始对这种低下状况感到深恶痛绝，大吵了一架后，离开了巴尔代兄弟。他决定在走私武器方面去寻找财富。

此时，阿比西尼亚的皇帝让（Jean）和肖阿（Choa）国王梅内利克（Ménélik）都在准备与对方作战。皇帝让接受英国的武器，梅内利克则向法国和意大利商人购买军火。

10月8日，兰波和在肖阿的批发商皮埃尔·拉巴蒂（Pierre Labatut）签了一份合同，由拉巴蒂筹划第一支运送武器的商队。

11月，兰波在塔朱拉（Tadjoura，吉布提）登岸，为之后的远征做准备。

• 1886年

兰波遭遇到意料之外的困难。他原本打算1月15日启程上路，但是在2月，英国当局给法国有关部门施压，要求限制运送武器的许可证。兰波滞留在塔朱拉。

4月17日，法国政府通知塔朱拉的苏丹，必须拒绝让军火商队通行。幸好，侨居奥博克的法国人莱昂斯·拉加德（Léonce Lagarde）帮兰波弄到了许可证。

就在这些困难都排除了的时候，皮埃尔·拉巴蒂病倒了。经医生诊断，拉巴蒂患的是癌症，他返回法国，不久去世。

于是，兰波和保尔·索莱耶（Paul Soleillet）合作。但这个人也在9月9日罹患充血症而亡。

10月初，兰波离开塔朱拉，向肖阿的首都安科贝尔（Ankober）进发。他的商队包括一名翻译、三十四个牵骆驼的人和三十匹骆驼。商队载着两千支在列日组装的枪和七万五千发子弹。

这趟行程历经艰辛，路过的那些地区，用兰波惯用的话说，“可怖得让人猜测自己身处月亮表面的国度”。

• 1887年

经过四个月精疲力竭的跋涉之后，兰波于2月6日抵达安科贝尔。但兰波马上得知梅内利克不在这里：梅内利克同哈勒尔的酋长开战，打赢了仗，并占领了对方的地盘，现在在恩托托（Entotto），而且不想回到这里了。兰波决定自己去恩托托。他被迫以极低的条件卖出了这些武器。

5月1日，他在法国探险家朱尔·博雷利（Jules Borelli）的陪伴下，离开了恩托托。在哈勒尔，马科南公爵（ras Makonnen）支付给他八千五百塔勒（thaler），但不是现金而是汇票。

最迟在7月30日，兰波到了亚丁。

他决定去开罗，在奥博克登上“国营公司”（Compagnie National）的大客轮，他的仆人贾米（Djami）陪他同往。8月5日，他在马萨瓦下船，用马科南公爵的汇票取出七千五百塔勒。他的身份证件不齐，遭到了法国副领事的质询。他搭乘下一班船，于8月20日抵达开罗。

他在开罗逗留了五个星期。他给法国报纸寄文章，将他的钱存进开罗的里昂信贷银行。

这段时间里，他常抱怨左大腿风湿痛，左膝部关节痛。

10月8日，有证据证明，兰波这一天出现在亚丁。

• 1888年

这年的头几个星期，他都在亚丁度过。“我和萨乌雷（Savouré）一起，准备秘密运送武器到海边的安巴杜（Ambadou）。”同时，他好像还为巴黎的报纸写一些关于阿比西尼亚的札记，因为萨乌雷在2月13日写给伊尔格（Ilg）的信里说：法国报纸上充斥着关于阿比西尼亚的事情，这些报道越来越不真实可信，“这是兰波在亚丁给媒体写一些戏谑之作以自娱”。

兰波从安巴杜从发，骑马十一天，行程六百公里，于3月20日到达哈勒尔。4月4日，他回到了亚丁。

4月13日，有证据证明，兰波出现在从亚丁开往塞拉的英国轮船上。

4月16日，他在塞拉登陆。他此行是为了将存放在奥博克的三千支枪和五十万发子弹运到哈勒尔。

5月3日，他到了哈勒尔，之前于4月22日经过昂萨（Ensa）。

5月15日，官方公文通知兰波，最终拒绝了原先同意发放的武器运输许可证。

他放弃了军火交易，并决定在哈勒尔创立自己的商行。他和亚丁商人塞萨尔·蒂昂（César Tian）合作，并与巴尔代的公司恢复联系。

9月，他在自己的住处接待了刚从南部探险回来的冒险家博雷利。

秋天，他还接待了几个星期后到来的萨乌雷。

12月，瑞士人伊尔格带了梅内利克的物资从塞拉来，在兰波住处停留，受到六个星期的殷勤接待。

• 1889年

年初，皇帝让战败，为马赫迪军（les Mahdistes）所杀。梅内利克成为皇帝。

2月，兰波遇上大麻烦。经常有狗进入他的店里，让他很是厌烦，他决定毒死它们；但绵羊也被毒死了，当地人要报复他。

12月，兰波向伊尔格要一头骡子和两个奴隶为他个人所用。某些不审慎的历史学家便以此判定他贩卖奴隶。

• 1890年

年中，一些巴黎文人发现兰波在阿比西尼亚。一位杂志主编写信给他，并天真地称呼他："亲爱的诗人！"

• 1891年

2月，兰波感到右膝剧烈疼痛。而后，膝部周围的血管开始肿胀。他举步维艰。

3月中旬，他的痛感还在增剧，只得卧床。他躺在一张靠窗的床上管理他的商行，从窗口可以看到外面的院子。仅仅一周，他的右腿就变得完全僵直了。

3月底，他决定去海滨请医生诊治。

4月7日，他躺在一副担架上上路，花了12天时间，到了塞拉。然后，他躺在甲板上的一张床垫上，坐轮船到了亚丁。

根据亚丁的英国医生的建议，他决定回法国。运送他回国的是法国火轮船公司（Messageries Maritimes）的阿玛宗女骑士号（Amazone）。

5月20日，他在马赛上岸，立即被送往圣母医院（hôpital de la Conception），住进个人付款的病房。

5月21日，星期四，兰波鼓起了力气，给母亲写信。

5月22日，星期五，医生确认截肢无可避免。他决定下周一进行截肢。晚上，他拍电报给母亲告知此事，请母亲火速赶到。

5月23日，星期六，兰波夫人在晚上赶到她儿子的病床边。手术被推迟了。

5月27日，星期三，进行了截肢手术。

6月8日或9日，兰波夫人回到了亚登。

7月23日，兰波离开医院。他被抬进一节火车车厢，回到了罗什。

8月23日，他前往马赛，由伊莎贝尔陪伴。在马赛，他又进了医院。医生认为他的病已无法医治，癌症渐渐扩散到了他身体的其他部位。

10月4日，他的右臂完全无法动弹，左臂瘫痪；左腿冰冷、颤抖、疼痛。

10月18日至24日间的一星期里，医院的布道神甫来看过他两次，他们不敢跟他提起临终圣事。

10月25日，又来了一个神甫，问他是否想要忏悔。他接受了，但布道神甫没有给他领圣体。他现在产生了幻觉。

11月9日，他口述了一封给法国火轮船公司经理的信，语句很不连贯。

11月10日，上午10点钟，死亡让他获得了解脱。

图书在版编目（CIP）数据

灵光集：兰波诗歌集注 /（法）阿蒂尔·兰波著；何家炜译. — 北京：商务印书馆, 2020（2025.4重印）
ISBN 978 - 7 - 100 - 18358 - 1

Ⅰ.①灵…　Ⅱ.①阿…②何…　Ⅲ.①诗集—法国—近代　Ⅳ.①I565.24

中国版本图书馆 CIP 数据核字（2020）第068219号

灵 光 集
兰波诗歌集注
〔法〕阿蒂尔·兰波　著
何家炜　译

商　务　印　书　馆　出　版
（北京王府井大街36号　邮政编码 100710）
商　务　印　书　馆　发　行
山东临沂新华印刷物流集团有限责任公司印刷
ISBN　978 - 7 - 100 - 18358 - 1

2020年9月第1版　　开本 787×1092　1/32
2025年4月第7次印刷　　印张 8⅛　插页8

定价：69.80元